くもんの小学ドリル

がんばり2年生 学しゅう記ろくひょう

名前

1 2 3 4 5 6 7 8

JN028743

9 10 11 12 13 14 15 16

17 18 19 20 21 22 23 24

25 26 27 28 29 30 31 32

33 34 35 36 37 38 39 40

41 42 43 44

1さつ　ぜんぶ　おわったら、
ここに　大きな　シールを
はりましょう。

あなたは
「くもんの小学ドリル　国語　2年生文しょうの読解」を、
さいごまで　やりとげました。
すばらしいです！
これからも　がんばってください。

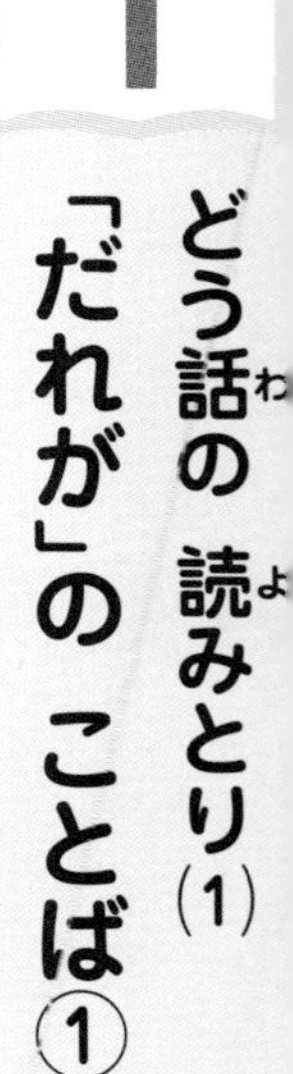

1 どう話の 読みとり(1)
「だれが」の ことば①

月　名まえ
はじめ　じ　ふん
おわり　じ　ふん
かかった じかん　ふん
とくてん　てん

1 □の 文を 読んで、もんだいに 答えましょう。（15点）

けんが、バナナを 食べました。

(1) 「だれ」が、バナナを 食べましたか。

〔（　けん　）が、食べました。〕

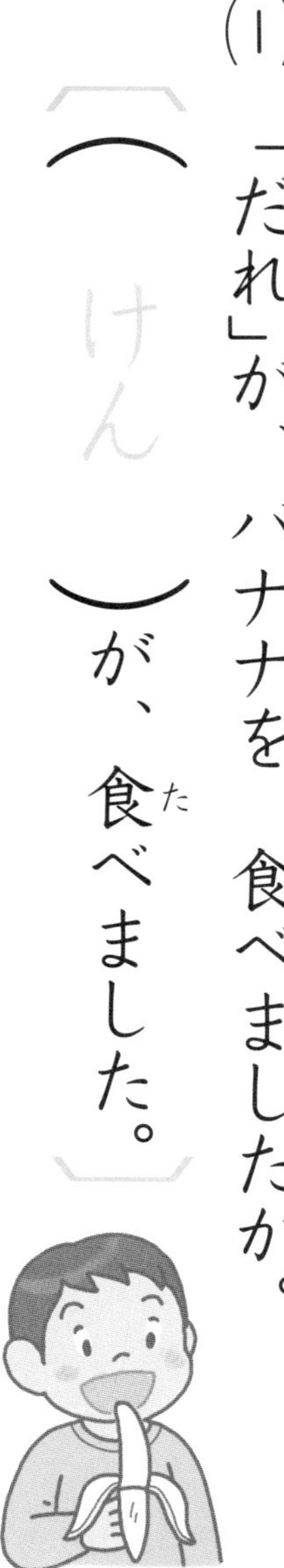

2 □の 文を 読んで、もんだいに 答えましょう。（15点）

さゆりが、にわに 水を まきました。

(1) 「だれ」が、にわに 水を まきましたか。

〔（　　　）が、まきました。〕

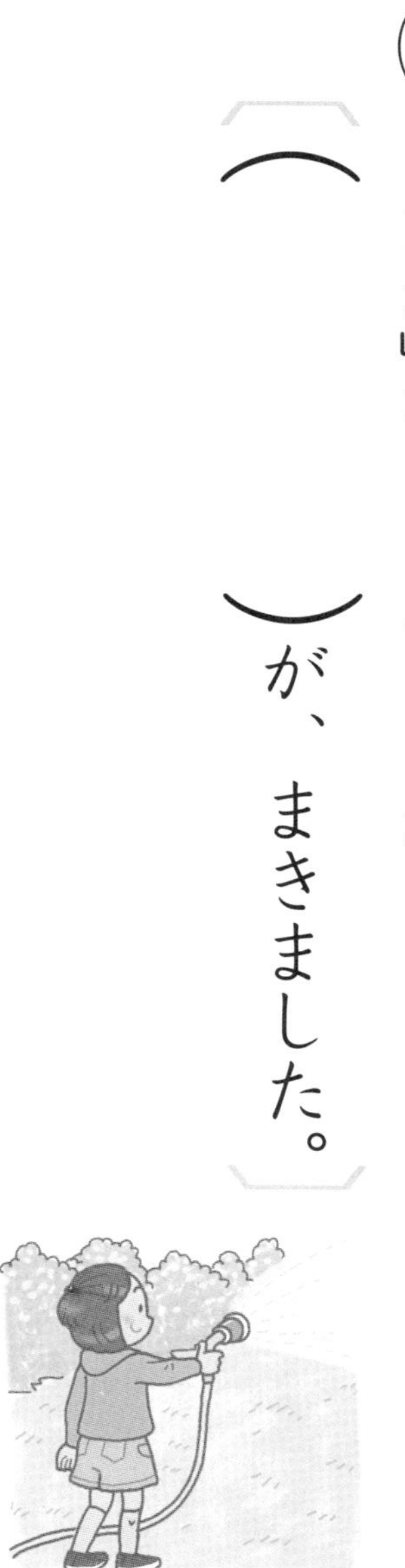

3 □の 文を 読んで、もんだいに 答えましょう。（15点）

ゆうとが、おりがみを もって きました。

(1) 「だれ」が、おりがみを もって きましたか。

〔（　　　）が、もって きました。〕

4 □の 文を 読んで、もんだいに 答えましょう。（15点）

ゆみが、むこうから 走って きました。

(1) 「だれ」が、むこうから 走って きましたか。

（　　　　）が、走って きました。

5 文しょうを 読んで、もんだいに 答えましょう。（20点）

妹が、道で ころびました。
ひざに 少し 土が つきました。

(1) 「だれ」が、道で ころびましたか。

（　　　　）が、ころびました。

6 文しょうを 読んで、もんだいに 答えましょう。（20点）

あきらが、かたつむりを 見つけました。
はっぱの うらに くっついて いました。

(1) 「だれ」が、かたつむりを 見つけましたか。

（　　　　）が、見つけました。

1「けんが、食べました。」、2「さゆりが、まきました。」のように、まず、

らん出版

2 どう話の 読みとり(1)
「だれが」の ことば②

月 日 名まえ

はじめ じ ふん
おわり じ ふん
かかった じかん ふん
とくてん てん

1 文しょうを 読んで、もんだいに 答えましょう。（10点）

> かずやが、公園に やって きました。そして、みんなで おにごっこを しました。

(1) 「だれ」が、公園に やって きましたか。

〔（　　　　）が、やって きました。〕

2 文しょうを 読んで、もんだいに 答えましょう。（一つ 15点）

> 弟が、おきて きました。わたしは、パンを やく よういを しました。

(1) 「だれ」が、おきて きましたか。

〔（　　　　）が、おきて きました。〕

(2) 「だれ」が、パンを やく よういを しましたか。

〔（　　　　）が、よういを しました。〕

3 文しょうを 読(よ)んで、もんだいに 答(こた)えましょう。（一つ15点）

はるとが、ちょうを おいかけて きました。
ゆうたが、それを あみで つかまえました。

(1) 「だれ」が、ちょうを おいかけて きましたか。

（　　　　　）が、おいかけて きました。

(2) 「だれ」が、あみで つかまえましたか。

（　　　　　）が、つかまえました。

4 文しょうを 読(よ)んで、もんだいに 答(こた)えましょう。（一つ15点）

なおみが、あそびに 来(き)ました。わたしは、
なおみと 近(ちか)くの 公園(こうえん)に 行(い)きました。

(1) 「だれ」が、あそびに 来(き)ましたか。

（　　　　　）が、来(き)ました。

(2) 「だれ」が、なおみと 近(ちか)くの 公園(こうえん)に 行(い)きましたか。

（　　　　　）が、行(い)きました。

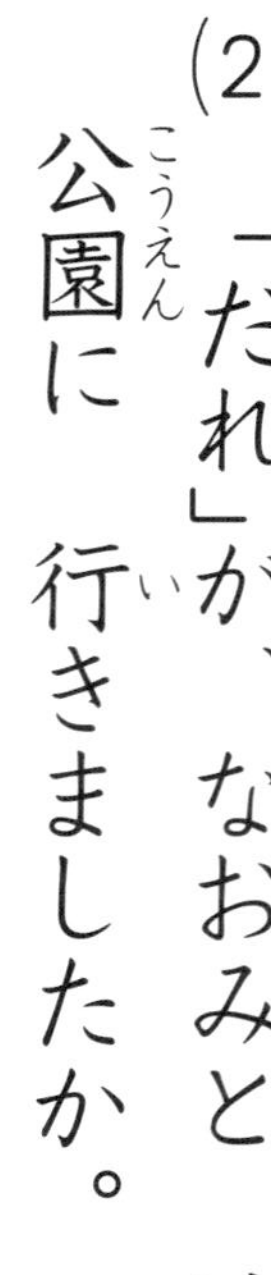

「だれが」や「だれは」に あたる ことばを 答(こた)えれば いいね。「〜が」や

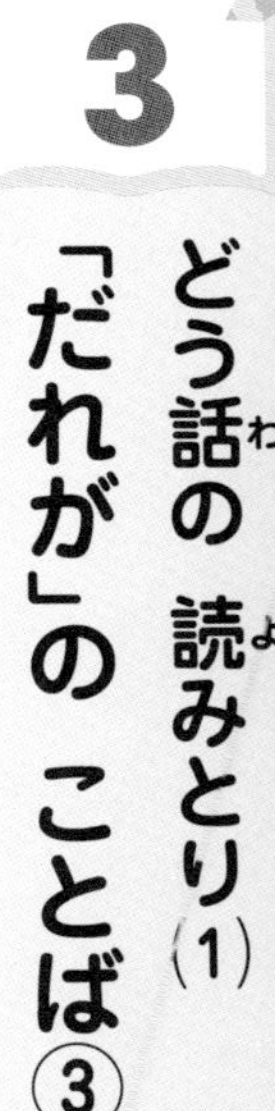

3 どう話の 読みとり(1) 「だれが」の ことば③

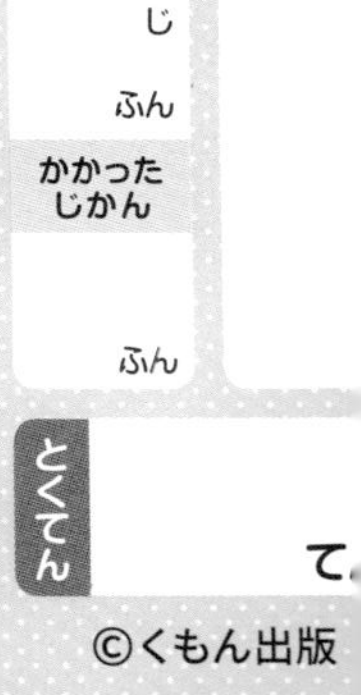

月　日　名まえ

はじめ　じ　ふん　おわり　じ　ふん　かかった じかん　ふん

とくてん　てん

❶ 文しょうを 読んで、( )に 合う ことばを 書きましょう。（15点）

> たつやが 手を あげました。そして、大きな 声で 本を 読みました。

(1) （ たつや ）が、手を あげました。

❷ 文しょうを 読んで、( )に 合う ことばを 書きましょう。（一つ 15点）

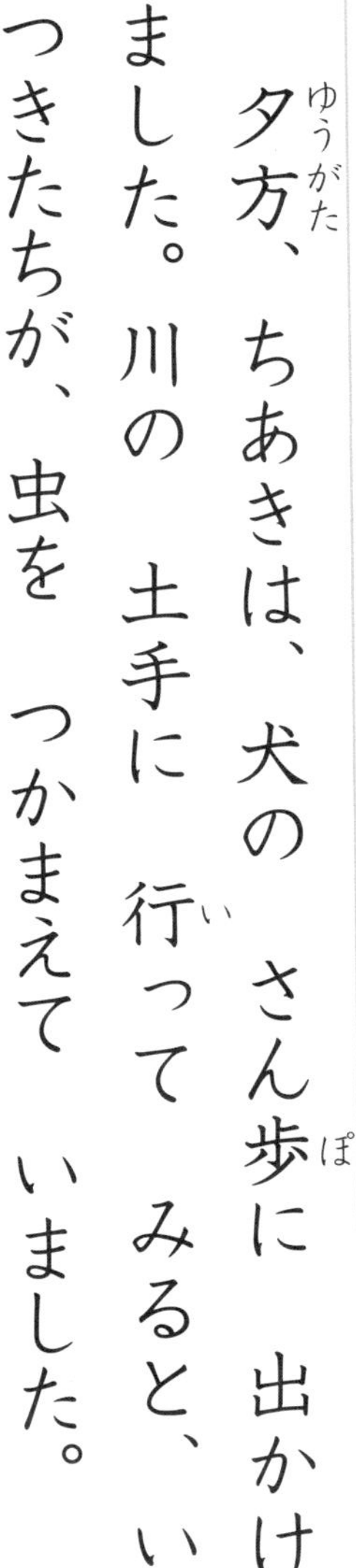

> 夕方、ちあきは、犬の さん歩に 出かけました。川の 土手に 行って みると、いつきたちが、虫を つかまえて いました。

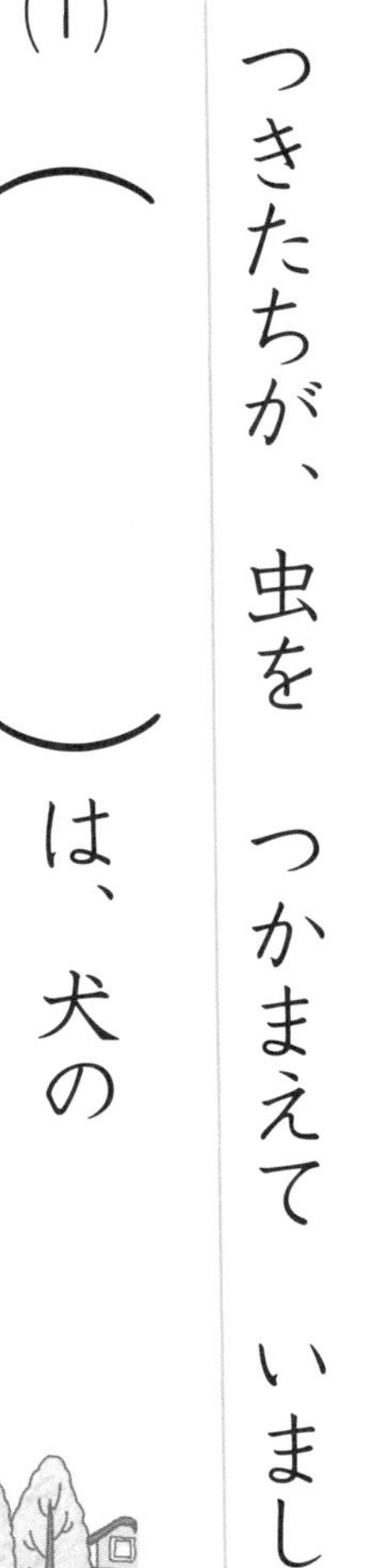

(1) （　　　　）は、犬の さん歩に 出かけました。

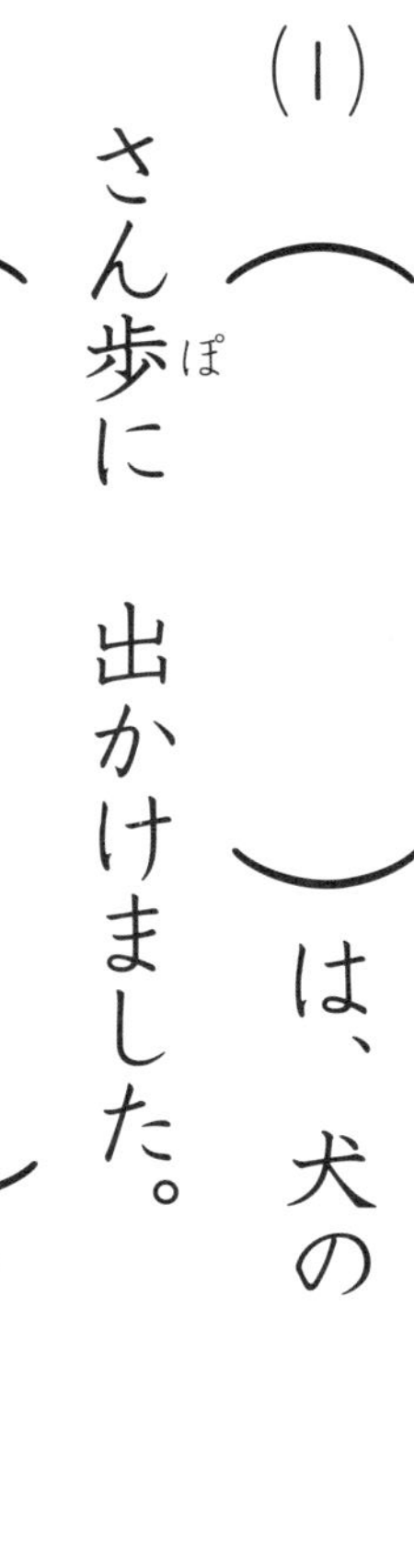

(2) （　　　　）が、虫を つかまえて いました。

3 文しょうを 読んで、（　）に 合う ことばを 書きましょう。（15点）

> 雨が ふって きました。ぼくは、お父さんを むかえに、えきまで 行きました。

(1) （　　　　）が、むかえに 行きました。

4 文しょうを 読んで、（　）に 合う ことばを 書きましょう。（一つ 20点）

> ボールが、ころころ ころがって きました。
> あやは、ボールを ひろって、かえしました。
> 男の子は、
> 「ありがとう。」
> と 言いました。

(1) （　　　　）が、ボールを かえしました。

(2) （　　　　）は、「ありがとう。」と 言いました。

1 「たつやが」、 **2** (1)「ちあきは」、(2)「いっきたちが」と いう 人の 名前

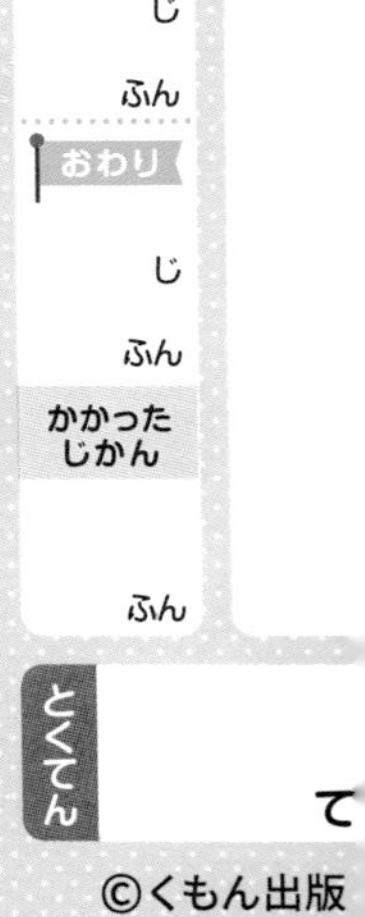

4 どう話の 読みとり(1) 「だれが」の ことば④

月　名まえ　はじめ じ ふん　おわり じ ふん　かかった じかん ふん　とくてん てん

1 文しょうを 読んで、(　)に 合う ことばを 書きましょう。(15点)

> かずきが、ボールを なげました。犬が、それを おいかけて 走って いきました。

(1) ボールを なげたのは、(　　　　)です。

2 文しょうを 読んで、(　)に 合う ことばを 書きましょう。(一つ 15点)

> りんが、花びんを もって きました。わたしは、それに 花を 入れました。

(1) 花びんを もって きたのは、(　　　　)です。

(2) 花びんに 花を 入れたのは、(　　　　)です。

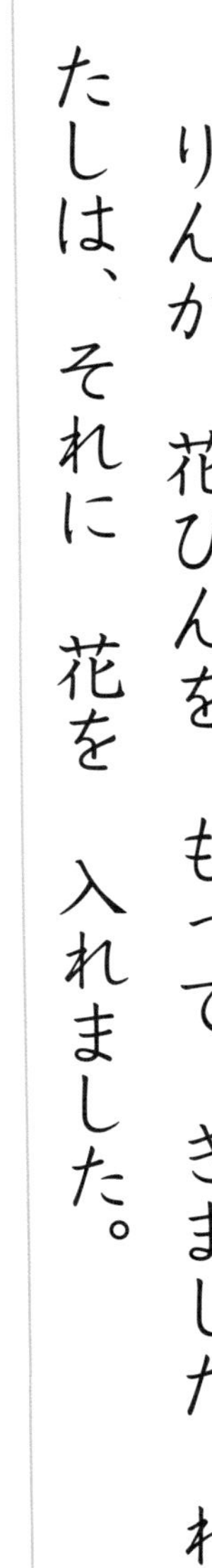

3 文しょうを 読んで、（　）に 合う ことばを 書きましょう。（15点）

きれいな 花が さいて いた。ゆいは、花の においを かいだ。

(1) 花の においを かいだのは、

（　　　　　）です。

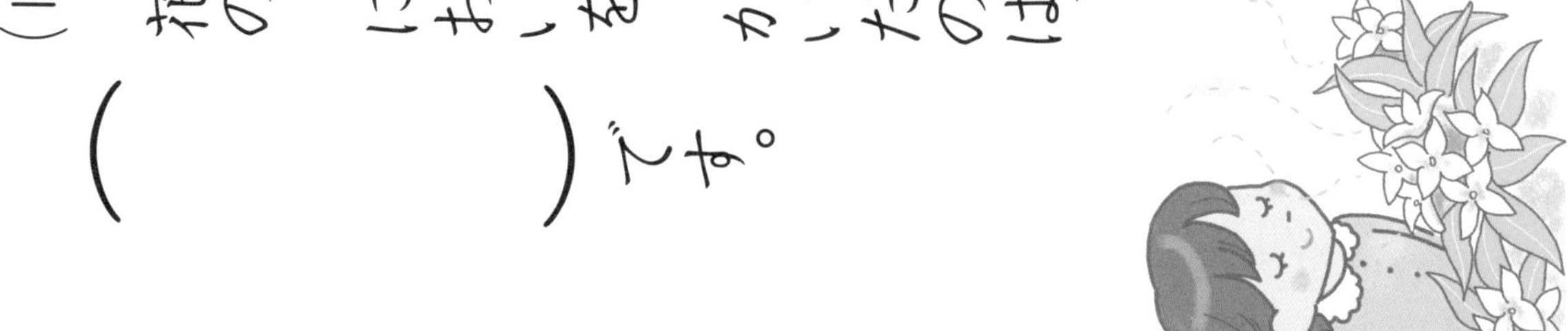

4 文しょうを 読んで、（　）に 合う ことばを 書きましょう。（一つ20点）

学校から 帰って、ひろとは、そうすけの 家に あそびに 行った。でも、そうすけは、出かけた あとで、家に いなかった。

(1) そうすけの 家に あそびに 行ったのは、

（　　　　　）です。

(2) 出かけて、家に いなかったのは、

（　　　　　）です。

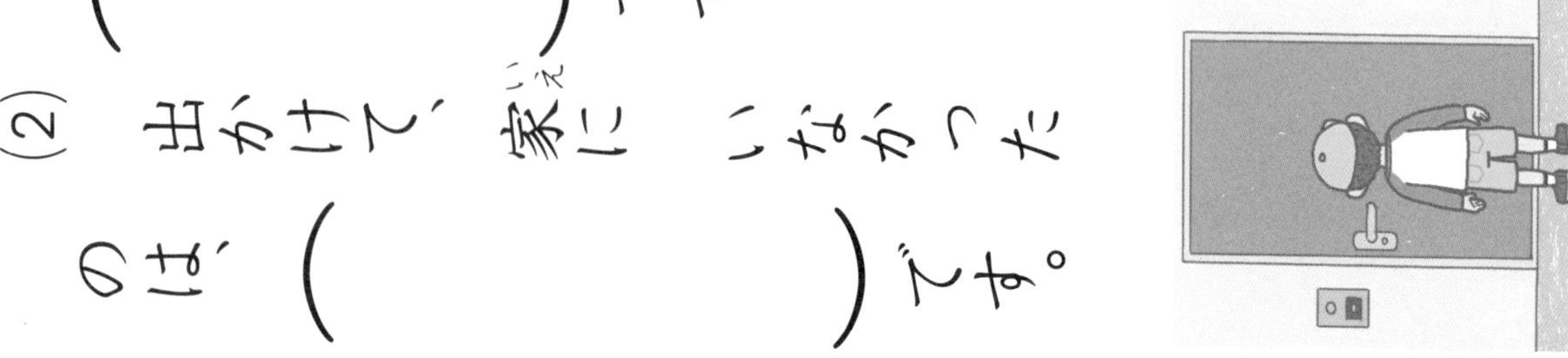

5 どう話の 読みとり(1)「だれが」の ことば⑤

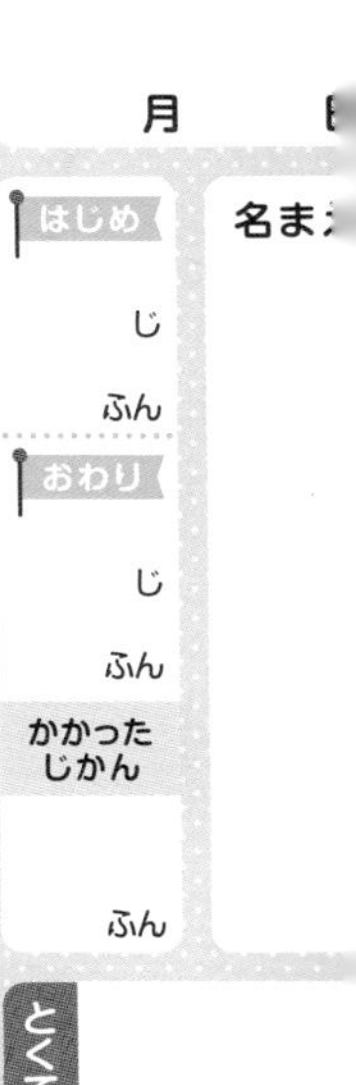

❶ 文しょうを 読んで、もんだいに 答えましょう。(一つ 10点)

> 弟が、大声で よびました。すると、
> お父さんが ふりかえりました。

(1) 大声で よんだのは、だれですか。

〔(大声で よんだのは、)(弟)です。〕

(2) ふりかえったのは、だれですか。

〔(ふりかえったのは、)(　　　　)です。〕

❷ 文しょうを 読んで、もんだいに 答えましょう。(一つ 10点)

> あかりが、食きを はこびました。そして、
> お母さんが、食きを あらいました。

(1) 食きを はこんだのは、だれですか。

〔(食きを はこんだのは、)(　　　　)です。〕

(2) 食きを あらったのは、だれですか。

〔(食きを あらったのは、)(　　　　)です。〕

3 文しょうを 読んで、もんだいに 答えましょう。（一つ15点）

> 先生が ピアノを ひきました。
> ぼくたちは、歌を 歌いました。

(1) ピアノを ひいたのは、だれですか。

（ピアノを ひいたのは、）（　　　　）です。

(2) 歌を 歌ったのは、だれですか。

（歌を 歌ったのは、）（　　　　）です。

4 文しょうを 読んで、もんだいに 答えましょう。（一つ15点）

> りおは、色紙で つるを おりました。さきは、紙に 絵を かきました。それを、おばあちゃんに あげました。

(1) 色紙で つるを おったのは、だれですか。

（　　　　）です。

(2) 紙に 絵を かいたのは、だれですか。

（　　　　）です。

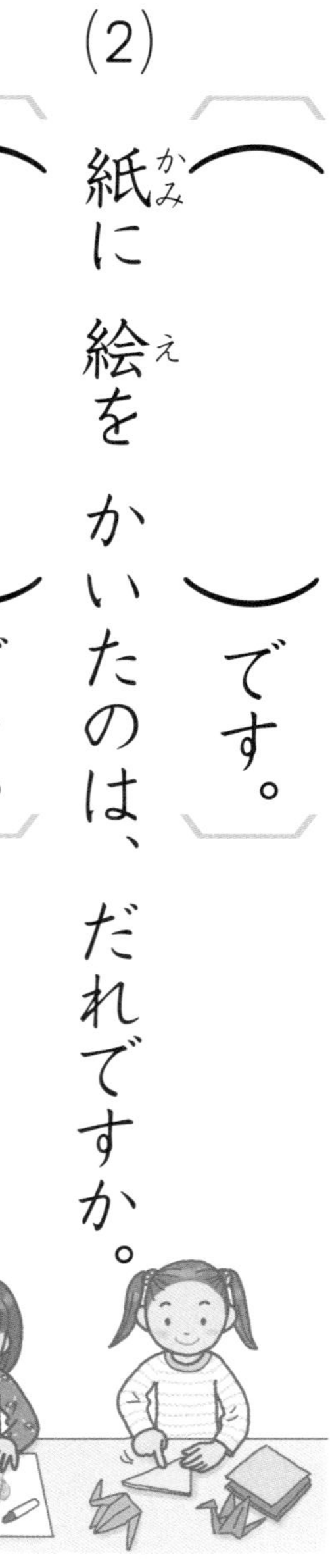

「だれが」や「だれは」に あたる ことばを 答えるよ。だれが したのか

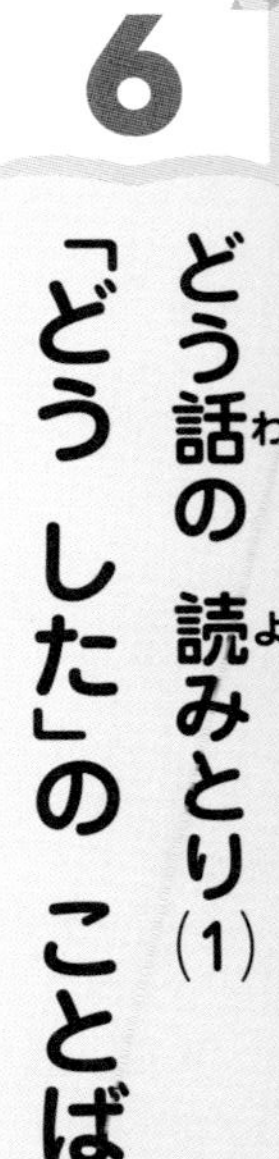

6 どう話の 読みとり(1)「どう した」の ことば

月　名まえ

はじめ　じ　ふん

おわり　じ　ふん

かかった じかん　ふん

とくてん　てん

1 □の 文を 読んで、もんだいに 答えましょう。(15点)

> なおとは、ボールを けりました。

(1) なおとは、「どう しました」か。

〔(なおとは、)ボールを（けりました）。〕

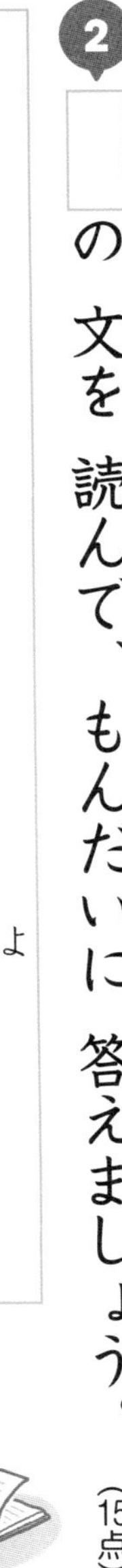

2 □の 文を 読んで、もんだいに 答えましょう。(15点)

> さやかは、へやで 本を 読みました。

(1) さやかは、「どう しました」か。

〔(さやかは、)本を（　　　　）。〕

3 文しょうを 読んで、（　）に 合う ことばを 書きましょう。(15点)

> 弟が、外から 帰って きました。
> いっしょに おやつを 食べました。

(1) 弟が、外から

（　　　　）。

4 文しょうを 読んで、（　）に 合う ことばを 書きましょう。（15点）

りこは、れいぞうこから ジュースを とり出しました。そして、コップに 入れました。

(1) りこは、れいぞうこから ジュースを
（　　　　　　）。

5 文しょうを 読んで、もんだいに 答えましょう。（一つ 20点）

今日、おばあちゃんが、あそびに 来ました。夕食の 後、ぼくは、おばあちゃんの かたを たたきました。おばあちゃんは、とても よろこんで いました。

(1) 今日、おばあちゃんが どう しましたか。
〔（おばあちゃんが、）あそびに（　　　　　　）。〕

(2) 夕食の 後、「ぼく」は、どう しましたか。
〔おばあちゃんの かたを（　　　　　　）。〕

❶「なおとは、けりました。」、❷「さやかは、読みました。」のように、「どう

月　はじめ　じ　ふん　おわり　じ　ふん　かかった じかん　ふん　名まえ　とくてん　てん

7 かくにんドリル(1)「ふきのとう」

1 文しょうを 読(よ)んで、もんだいに 答(こた)えましょう。

（はるかぜが　ふかないので、竹やぶも　雪(ゆき)も　ふきのとうも、こまって　いました。）


空の　上で、お日さまが　わらいました。

「おや、はるかぜが　ねぼうして　いるな。竹やぶも　雪(ゆき)も　ふきのとうも、みんな　こまって　いるな。」

そこで、南(みなみ)を　むいて　言(い)いました。

「おうい、はるかぜ。おきなさい。」

(1) 空の　上で、わらったのは、だれですか。（10点）

（　　　　）です。

(2) はるかぜは、どうして　いますか。（10点）

（　　　　）して　います。

(3) こまって　いるのは、だれですか。三つ　書(か)きましょう。（一つ 10点）

この　文しょうでは、「お日さま」「はるかぜ」「竹やぶ」「雪」「ふきのとう」が

お日さまに　おこされて、はるかぜは、大きな　あくび。それから、せのびして言いました。
「や、お日さま。や、みんな。おまちどお。」
はるかぜは、むねいっぱいに　いきをすい、ふうっと　いきを　はきました。
はるかぜに　ふかれて、竹やぶが、ゆれる　ゆれる、おどる。雪が、とける　とける、水に　なる。

（令和２年度版　光村図書　こくご二上　たんぽぽ　19〜20ページより『ふきのとう』くどう　なおこ）（　　）部分要約

(4)　大きな　あくびを　したのは、だれですか。（10点）

（　　　　）です。

(5)　はるかぜは、いきを　すうと、どう　しましたか。（10点）

（ふうっと　いきを　　　　）。

(6)　ゆれたり　おどったり　したのは、だれですか。（15点）

（　　　　）です。

(7)　水に　なったのは、だれですか。（15点）

（　　　　）です。

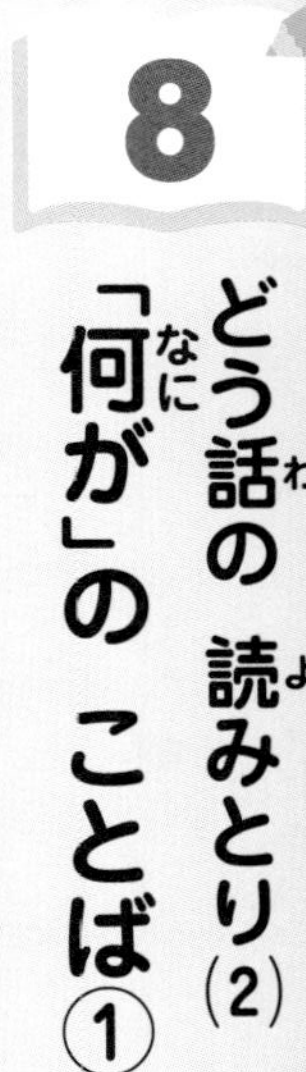

8 どう話の 読みとり(2)
「何が」の ことば①

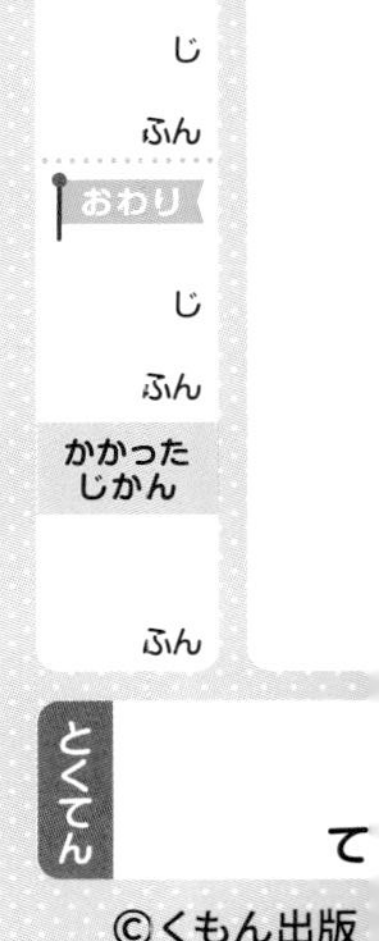

1 □の 文を 読んで、もんだいに 答えましょう。（15点）

鳥が、チーチー 鳴いて います。

(1) 「何」が、鳴いて いますか。

〔（ 鳥 ）が、鳴いて います。〕

2 □の 文を 読んで、もんだいに 答えましょう。（15点）

小川で 魚が、およいで います。

(1) 「何」が、およいで いますか。

〔（　　　）が、およいで います。〕

3 文しょうを 読んで、もんだいに 答えましょう。（15点）

ボールが、ころころ ころがって きました。後から、男の子が 走って きました。

(1) 「何」が、ころがって きましたか。

〔（　　　）が、ころがって きました。〕

4 文しょうを 読んで、（　）に 合う ことばを 書きましょう。（15点）

> にわに 行って みた。すると、
> 花だんに 花が、さいて いた。

(1) 花だんに（　　　　）が、さいて いた。

5 文しょうを 読んで、（　）に 合う ことばを 書きましょう。（一つ 20点）

> 空が、だんだん くらく なって きた。しばらく すると、雨が ぽつぽつ ふって きた。

(1)（　　　　）が、くらく なって きた。

(2)（　　　　）が、ぽつぽつ ふって きた。

1「鳥が」、2「魚が」、3「ボールが」のように、「何が」に あたる ことば

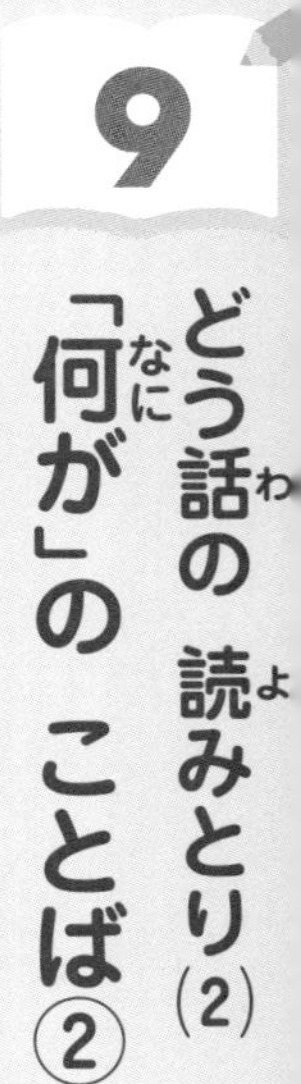

9 どう話の 読みとり(2)
「何が」の ことば②

月　日　名まえ　はじめ　じ　ふん　おわり　じ　ふん　かかった じかん　ふん　とくてん　てん

1 文しょうを 読んで、( )に 合う ことばを 書きましょう。（一つ 10点）

> 木の　はが、一まい　おちた。
> すると、かえるが、池に　ポチャンと　とびこんだ。

(1) おちたのは、(　　　　)です。

(2) 池に　とびこんだのは、(　　　　)です。

2 文しょうを 読んで、( )に 合う ことばを 書きましょう。（一つ 10点）

> げんかん前に、車が、止まって　いました。
> 家に　入ると、にもつが　おいて　ありました。

(1) げんかん前に　止まって　いたのは、(　　　　)です。

(2) 家に　おいて　あったのは、(　　　　)です。

3 文しょうを 読んで、もんだいに 答えましょう。（一つ15点）

めだかが およいで います。よく 見ると、水草に たまごが ついて いました。

(1) およいで いるのは、なんですか。

〔（およいで いるのは、）（　　　　）です。〕

(2) 水草に ついて いたのは、なんですか。

〔（水草に ついて いたのは、）（　　　　）です。〕

4 文しょうを 読んで、もんだいに 答えましょう。（一つ15点）

強い 風が、ビュービュー ふきました。すると、へやの まどが、ガタガタ 鳴りました。

(1) ビュービュー ふいたのは、なんですか。

〔強い（　　　　）です。〕

(2) ガタガタ 鳴ったのは、なんですか。

〔へやの（　　　　）です。〕

10

どう話(わ)の 読(よ)みとり(2)
「いつ」の ことば

1 □の 文を 読(よ)んで、もんだいに 答(こた)えましょう。（15点）

きのう、りくは、早く ねました。

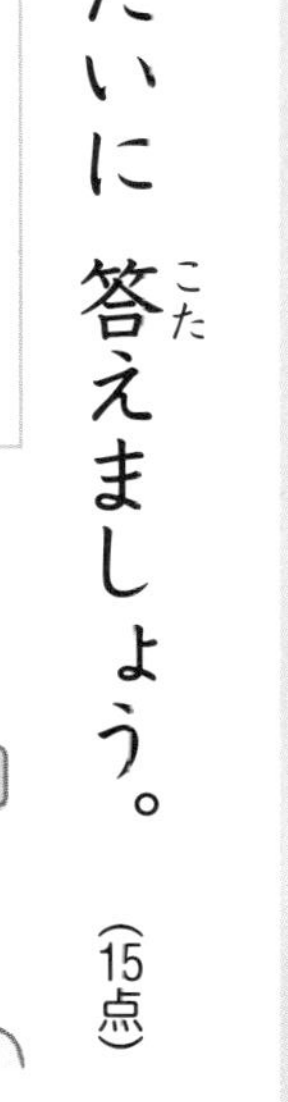

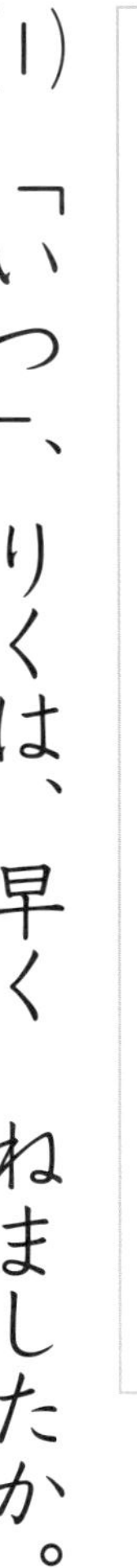

(1) 「いつ」、りくは、早く ねましたか。

〔（きのう）、早く ねました。〕

2 □の 文を 読(よ)んで、もんだいに 答(こた)えましょう。（15点）

夕方(ゆうがた)、雨が、ふって きました。

(1) 「いつ」、雨が、ふって きましたか。

〔（　　　　）、ふって きました。〕

3 文しょうを 読(よ)んで、（　）に 合(あ)う ことばを 書(か)きましょう。（15点）

朝(あさ)は、天気が よかった。でも、昼(ひる)から 雨に なった。

(1) 天気が よかったのは、（　　　　）です。

4 □の 文を 読んで、（　）に 合う ことばを 書きましょう。（15点）

ひとみは、日曜日に、お母さんと いっしょに デパートへ 行った。

(1) ひとみが、デパートへ 行った日は、（　　　　）です。

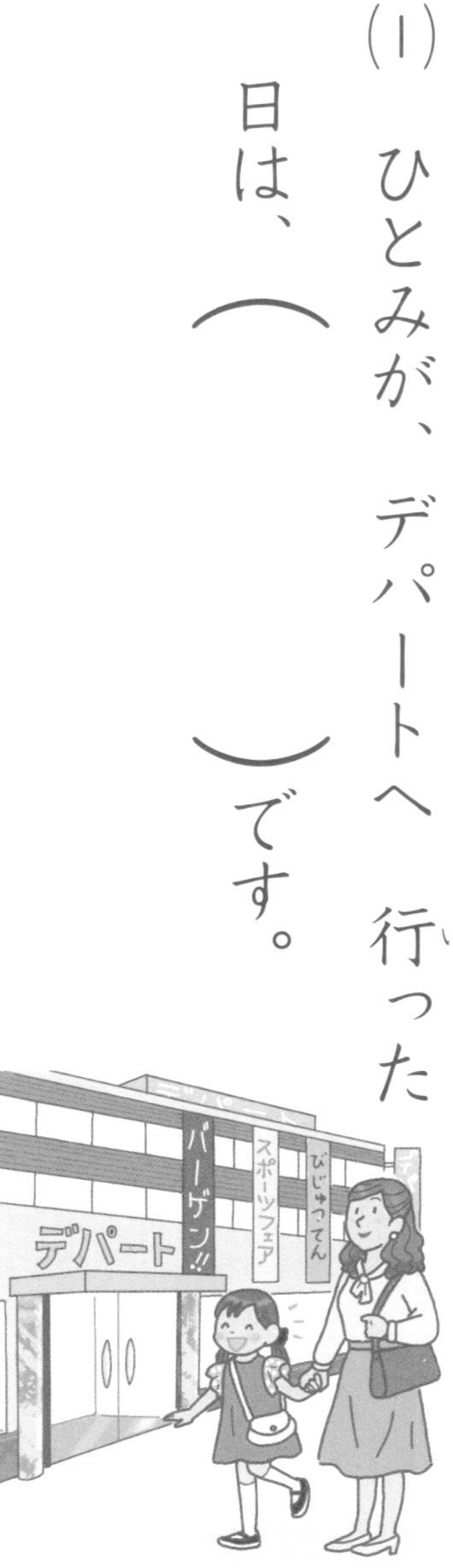

5 文しょうを 読んで、もんだいに 答えましょう。（一つ20点）

昼休みに、グラウンドで サッカーを した。ほうか後、中にわで おにごっこを した。

(1) グラウンドで サッカーを したのは、いつですか。

〔（グラウンドで サッカーを したのは、）（　　　　）です。〕

(2) 中にわで おにごっこを したのは、いつですか。

〔（中にわで おにごっこを したのは、）（　　　　）です。〕

1「きのう」、2「夕方」、3「朝」「昼」など、時を あらわす ことばに 気…つけましょう。

11 どう話の 読みとり(2) 「どこで」の ことば

月　名まえ

はじめ　じ　ふん　おわり　じ　ふん　かかった じかん　ふん　とくてん　てん

1 □の 文を 読んで、もんだいに 答えましょう。（15点）

> わたしは、友だちと へやで あそびました。

(1) 「わたし」は、「どこ」で あそびましたか。

〔（ へや ）で あそびました。〕

2 □の 文を 読んで、もんだいに 答えましょう。（15点）

> お父さんが、にわで たき火を して います。

(1) お父さんは、「どこ」で たき火を して いますか。

〔（　　　）で たき火を して います。〕

3 文しょうを 読んで、（　）に 合う ことばを 書きましょう。（15点）

> じゅぎょうが おわった。それから、みんなは、校ていで 草むしりを した。

(1) みんなが 草むしりを した ところは、（　　　）です。

4 文しょうを 読んで、（　）に 合う ことばを 書きましょう。（15点）

けいが、草むらで ばったを 見つけた。
昼から 友だちと あそんだ。その とき、

(1) けいが、ばったを 見つけた ところは、（　　　　）です。

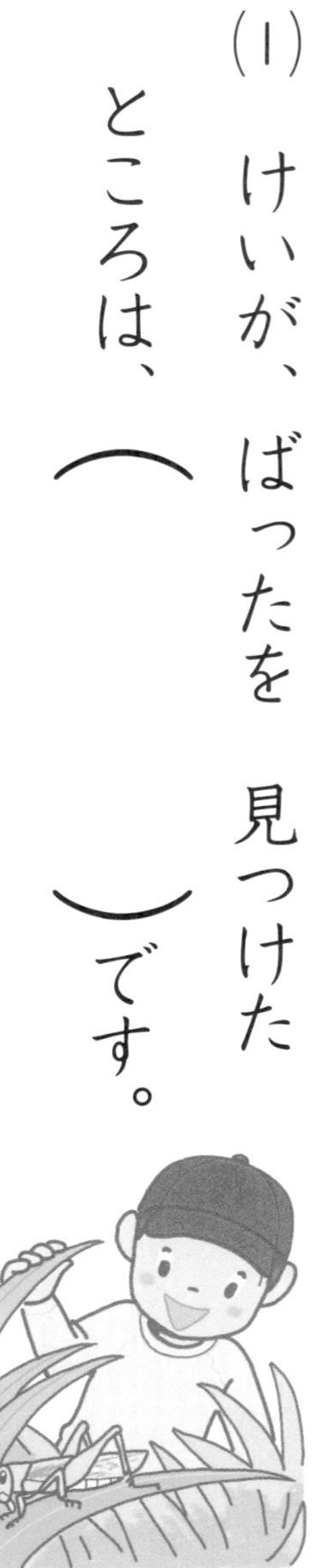

5 文しょうを 読んで、もんだいに 答えましょう。（一つ 20点）

タごはんの 前に、弟と 公園に 行った。
ぼくは、ぶらんこに のった。弟は、すな場で あなを ほった。

(1) タごはんの 前に、弟と 行った ところは、どこですか。

（弟と 行った ところは、）（　　　　）です。

(2) 弟が あなを ほった ところは、どこですか。

（あなを ほった ところは、）（　　　　）です。

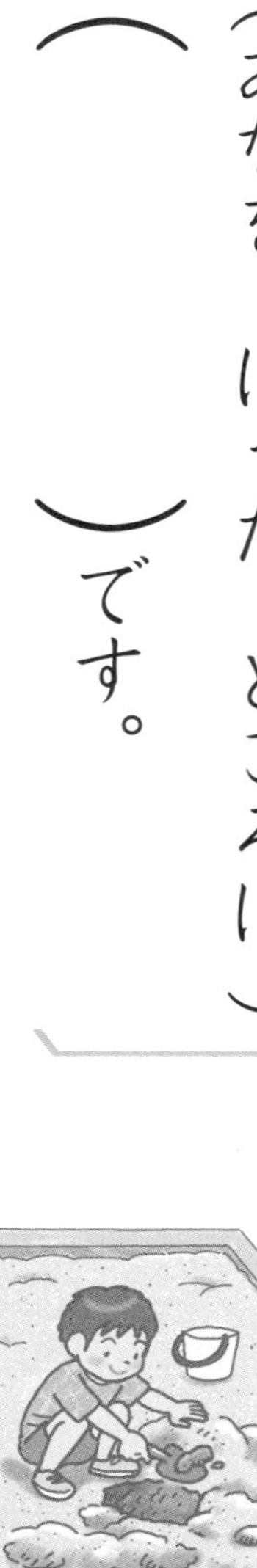

12 かくにんドリル(2)「風(かぜ)の ゆうびんやさん」

月　日　名まえ

はじめ　じ　ふん　おわり　じ　ふん　かかった じかん　ふん　とくてん　て

1 文しょうを 読(よ)んで、もんだいに 答(こた)えましょう。

こんどの 手紙(てがみ)は、やねの 上。でも、風(かぜ)の じてん車は、どこにでも はいたつします。

「すずめの 学校が はじまる おしらせよ。」

手紙(てがみ)を 読(よ)んで、すずめの おかあさんが 言(い)いました。

「学校って、なあに。」

なに する とこ ろなの。」

この はる 生まれた 子すずめたちが ききました。

(1) こんどの 手紙(てがみ)は どこへ はいたつされましたか。(15点)

（　　　　）です。

(2) 手紙(てがみ)には 何(なに)が 書(か)かれて いましたか。(15点)

すずめの 学校が（　　　　）です。

(3) 「学校って、なあに。」と きいたのは だれですか。(一つ10点)

この ①（　　　　）生まれた ②（　　　　）です。

「みんなで　あそんだり、うたを　うたったり、それから、上手（じょうず）な　とびかたとか、えさの　さがしかたとか、いろんな　ことを　ならうのよ。」

「わあ、おもしろそう。早く　行（い）きたいな。」

子すずめたちは、みじかい　はねを　ひろげて、おかあさんの　まわりを　ぴょんぴょん　とびまわりました。

（令和２年度版　東京書籍　新しい国語　二上　19〜21ページより『風の　ゆうびんやさん』たけした　ふみこ）

(4) みんなが「ならう」のは　なんですか。（一つ10点）

〔上手（じょうず）な　①（　　　）と　か、えさの　②（　　　）とか、いろんな　ことです。〕

(5) 子すずめたちが「早く　行（い）きたい」のは　どこですか。（15点）

〔すずめの（　　　）です。〕

(6) 子すずめたちが　とびまわったのは、だれの　まわりですか。（15点）

〔（　　　）の　まわりです。〕

すずめの　おかあさんの　ところに　手紙（てがみ）が　とどいたんだね。何（なに）が　書（か）

13 せつ明文の 読みとり(1)
なんの 話①

月　名まえ　はじめ　じ　ふん　おわり　じ　ふん　かかった じかん　ふん　とくてん　て

1 文しょうを 読んで、もんだいに 答えましょう。(25点)

バッタの おすと めすは、おしりの 形で 見分けられます。
めすは、たまごを うむので、おしりの 先が 二つに 分かれて います。

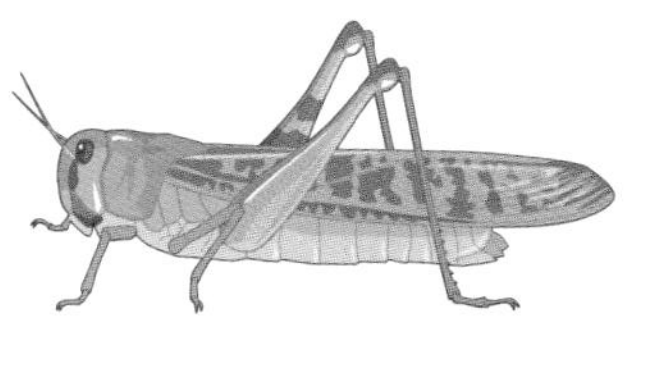

(1) この 文しょうに 出て くる 虫は、なん ですか。［　］から えらんで 書きましょう。

［バッタ・トンボ］

〔（　　　　）です。〕

2 文しょうを 読んで、もんだいに 答えましょう。(25点)

コオロギの おすは、羽を すり合わせて、音を 出します。
左前ばねは かたく、右前ばねの うらは、ぎざぎざに なって います。

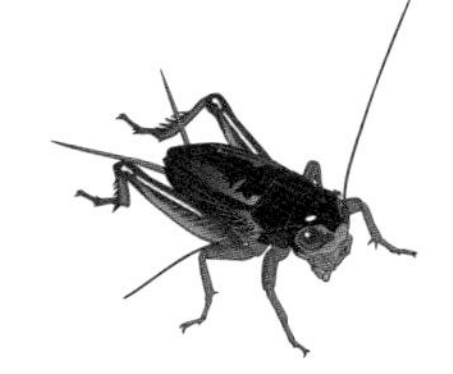

(1) この 文しょうに 出て くる 虫は、なん ですか。［　］から えらんで 書きましょう。

［セミ・コオロギ］

〔（　　　　）です。〕

3 文しょうを 読んで、もんだいに 答えましょう。（25点）

ミツバチは、花の 花ふんや みつを す に はこびます。

ミツバチの 後ろ足には、花ふんかごと い う へこんだ ところが あります。

(1) この 文しょうに 出て くる 虫は、なんです か。

〔（　　　　　　）です。〕

4 文しょうを 読んで、もんだいに 答えましょう。（25点）

トビウオは、空中を とぶ ことが でき る 魚です。

海中で スピードを 出して およぎ、頭 が 水めんに 出た とき、つばさのような 大きな むなびれを 広げます。

(1) この 文しょうに 出て くる 魚は、なんですか。

〔（　　　　　　）です。〕

1 2 3 は、虫の 名前、4 は 魚の 名前を さがせば いいよ。どん

ん出版

14 せつ明文の 読みとり(1)
なんの 話②

1 文しょうを 読んで、もんだいに 答えましょう。（20点）

バッタの おすと めすは、おしりの 形で 見分けられます。

めすは、たまごを うむので、おしりの 先が 二つに 分かれて います。

(1) 何に ついて 書かれて いますか。

〔バッタの おすと めすは、（　　　　）の 形で 見分けられる ことに ついて。〕

2 文しょうを 読んで、もんだいに 答えましょう。（20点）

カブトムシが、木の しるを なめる ようすを 見て みましょう。

カブトムシの 口は、角の 下に あります。口には たくさんの 毛が 生えて いて、これを しるに つけて なめるのです。

(1) 何に ついて 書かれて いますか。

〔カブトムシが 木の しるを（　　　　）ようすに ついて。〕

3 文しょうを 読んで、もんだいに 答えましょう。（20点）

犬は、人間の くらしに やくだって います。番犬や りょう犬としてだけで なく、けいさつ犬や もうどう犬としても つかわれて います。

（1） 何に ついて 書かれて いますか。

〔犬は、人間の（　　　　）に やくだって いる ことに ついて。〕

4 文しょうを 読んで、もんだいに 答えましょう。（一つ20点）

コオロギの おすは、羽を すり合わせて、音を 出します。

左前ばねは かたく、右前ばねの うらは、ぎざぎざに なって います。この 二つを すり合わせると、音が 出るのです。

（1） 何に ついて 書かれて いますか。

〔コオロギの おすは、①（　　　　）を すり合わせて、②（　　　　）を 出す ことに ついて。〕

まず、はじめの 文に 気を つけて 読もう。❶「バッタの～見分けられます。」、❷「カブトムシが、～なめる ようすを～。」と いう ところから

15 せつ明文の 読みとり(1)
なんの 話③

月　日　名まえ

はじめ　じ　ふん　おわり　じ　ふん　かかった じかん　ふん　とくてん　てん

❶ 文しょうを 読んで、もんだいに 答えましょう。

　チョウが、どんな 木や 草に たまごを うむのかを しらべて みました。

　アゲハチョウは、ミカンや サンショウの 木に、モンシロチョウは、キャベツなどに たまごを うむ ことが わかりました。

(1) 何に ついて 書かれて いますか。(20点)

〔チョウが、どんな 木や 草に （　　　）を うむのかに ついて。〕

(2) つぎの チョウは、どんな 木や 草に たまごを うみますか。(一つ15点)

① アゲハチョウ

〔（　　　）や サンショウの 木。〕

② モンシロチョウ

〔（　　　）など。〕

2 文しょうを 読んで、もんだいに 答えましょう。

> セミは、しゅるいに よって、鳴く 時間が ちがいます。
> ヒグラシは、日の出前と 夕方に、カナカナカナと 鳴きます。また、クマゼミは、午前中だけ、シャーシャーと 鳴きます。

(1) 何に ついて 書かれて いますか。（20点）

セミは、しゅるいに よって、鳴く（　　　　）が ちがう ことに ついて。

(2) つぎの セミは、いつ、鳴きますか。（一つ15点）

① ヒグラシ

日の出前と（　　　　）に 鳴きます。

② クマゼミ

（　　　　）だけ 鳴きます。

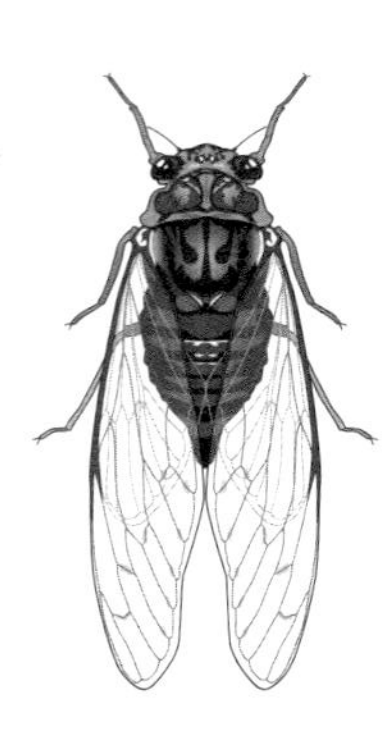

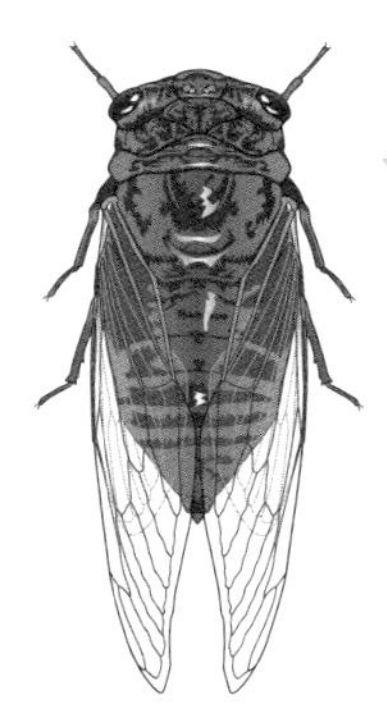

1 では、チョウの しゅるいに よって たまごを うむ 場しょが ちがう こと、**2** では、セミの しゅるいに よって 鳴く 時間が ちが

ん出版

16 せつ明文の 読みとり(1) なんの 話④

月　日　名まえ

はじめ　じ　ふん　おわり　じ　ふん　かかった じかん　ふん　とくてん　てん

❶ 文しょうを 読んで、もんだいに 答えましょう。

セミの よう虫は、土の 中で 生活します。小さい ときは、ほとんど うごきません。しかし、大きく なると、トンネルを ほって うごき回るように なります。太い 前足を つかって、土を ほります。前足は、シャベルのような やく目を して います。

(1) セミの よう虫は、どこで 生活しますか。（15点）

（　　　　）で 生活します。

(2) セミの よう虫は、何を つかって、土を ほりますか。（20点）

太い（　　　　）を つかって、土を ほります。

(3) セミの よう虫の 前足は、どのような やく目を して いますか。（20点）

（　　　　）のような やく目を して います。

❷ 文しょうを 読んで、もんだいに 答えましょう。（一つ15点）

オオムラサキは、林に すむ チョウです。夏、たまごから かえった よう虫は、木の はを 食べて すごします。秋に なると、木から おりて きます。おちばの 中で、冬を こす ためです。

つぎの 年の 春、また、木に のぼり、夏の はじめごろ、さなぎに なります。そして、二週間くらい たつと、せい虫※に なります。

※せい虫……せい長して おとなに なった 虫。

(1) オオムラサキは、どこに すんで いますか。

〔（　　　　　）に すんで います。〕

(2) よう虫は、何を 食べますか。

〔（　　　　　）を 食べます。〕

(3) 秋に なると、木から おりて くるのは、どうしてですか。

〔おちばの 中で、（　　　　　）を こす ためです。〕

❶ セミの よう虫の 前足は、太く なって いるね。これは、土を ほ

17 かくにんドリル(3)「ほたるの 一生」

月　名まえ
はじめ　じ　ふん
おわり　じ　ふん
かかった じかん　ふん
とくてん　てん

❶ 文しょうを 読んで、もんだいに 答えましょう。

たまごは、およそ 一か月後に よう虫に なります。よう虫は、すぐに 川の 中へ 入り、水の 中での せいかつを はじめます。

水の 中で、よう虫は、かわになと いう 貝の 肉を たべて そだちます。よう虫は、なんども だっぴを くりかえして せいちょうします。

(1) たまごが、よう虫に なるまで どのくらい かかりますか。(15点)

およそ（　　　　）です。

(2) 水の 中で よう虫は、何を たべて そだちますか。(一つ10点)

①（　　　　）と いう ②（　　　　）です。

(3) よう虫は どのように せいちょうしますか。(15点)

なんども（　　　　）を くりかえして せいちょうします。

つぎの 年(とし)の 四月の おわりごろ、かわになを たべて 大きく なった よう虫は、雨の ふる よるに、水の 中から 出て、川ぎしに 上がり ます。

川ぎしに 上がった よう虫は、やわらかい 土に もぐりこみます。そして、まわりの 土を かため、「土まゆ」と いう 小さな へやを つくります。

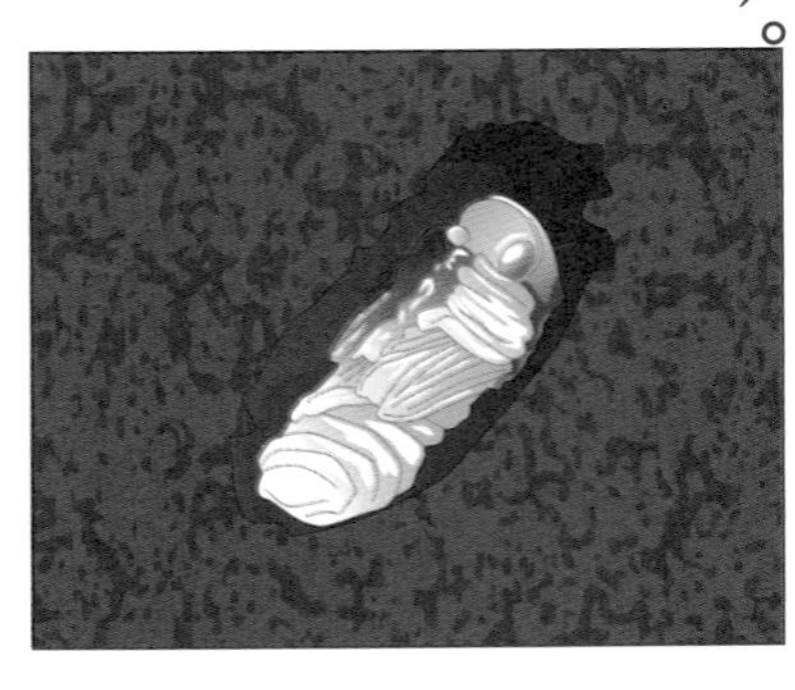

（令和2年度版 学校図書 みんなと学ぶ 小学校こくご 二年上 34〜35ページより『ほたるの 一生』ささき こん）

(4) よう虫が 川ぎしに 上がるのは、いつですか。（一つ10点）

つぎの 年の ①（　　　）の おわりごろの、②（　　　）の ふる よるです。

(5) よう虫が もぐりこむのは どこですか。（15点）

（　　　）です。

(6) 「土まゆ」とは なんですか。（15点）

土を かためて つくった、小さな （　　　）です。

18 どう話の 読みとり(3) どんな ようす①

月　名まえ

はじめ　じ　ふん
おわり　じ　ふん
かかった じかん　ふん
とくてん　てん

1 文しょうを 読んで、もんだいに 答えましょう。(25点)

たぬきが、赤い 木の みを 見つけました。それを ひろおうと した とき、だれかの 大きな 声が しました。

(1) たぬきは、どんな 木の みを 見つけましたか。

(たぬきは、)(　　　　) 木の みを 見つけました。

2 文しょうを 読んで、もんだいに 答えましょう。(25点)

きゅうに 雨が ふって きました。うさぎは、大きな はっぱを さがして、かさのように さしました。

(1) うさぎは、どんな はっぱを さがしましたか。

(うさぎは、)(　　　　) はっぱを さがしました。

3 文しょうを　読んで、もんだいに　答えましょう。（25点）

> くまは、川の　土手に　上がりました。すると、そこには、きれいな　花が、いっぱい　さいていました。

(1) くまが　川の　土手に　上がると、どんな　花が　さいて　いましたか。

（　　　　　　）花が　さいて　いました。

4 文しょうを　読んで、もんだいに　答えましょう。（25点）

> きつねは、白い　ぷよぷよした　ボールを　もって　きた。どうぶつたちは、めずらしそうに　さわって　みた。それから、広い　野原に　行って、その　ボールで　あそんだ。

(1) きつねが　もって　きたのは、どんな　ボールですか。

白い（　　　　　　）した　ボールです。

19 どう話の 読みとり(3) どんな ようす②

月　日　名まえ

はじめ　じ　ふん　おわり　じ　ふん　かかった じかん　ふん　とくてん　てん

❶ 文しょうを 読んで、もんだいに 答えましょう。(25点)

ギーギーギー。
森の　水車が、ゆっくり　回って　います。

(1) 森の 水車は、どのように 回って いますか。

(森の　水車は、)
(　　　　)回って　います。

❷ 文しょうを 読んで、もんだいに 答えましょう。(一つ15点)

子うさぎが、いきを　かけると、たんぽぽの　わた毛は、ぱっと　とびちりました。子うさぎは、わた毛を　おいかけて、ぴょんぴょん　はねました。

(1) わた毛は、どのように　とびちりましたか。

(わた毛は、)(　　　　)とびちりました。

(2) 子うさぎは、どのように　はねましたか。

(子うさぎは、)(　　　　)はねました。

3 文しょうを 読んで、もんだいに 答えましょう。（15点）

すずめは、ぶるぶると ふるえました。むね
も ドクン ドクンと 音を たてて いました。
ねこが、少しずつ 近よって きました。

(1) すずめは、どのように ふるえましたか。

〔（すずめは、）（　　　　）と
ふるえました。〕

4 文しょうを 読んで、もんだいに 答えましょう。（一つ 15点）

星が きらきら 光って いました。
おじいさんは、まどから 見える 夜空を
ながめながら、ぐっすり ねむりました。

(1) 星は、どのように 光って いましたか。

〔（　　　　）光って いました。〕

(2) おじいさんは、どのように ねむりましたか。

〔夜空を ながめながら、
（　　　　）
ねむりました。〕

38

1 は「水車が 回る ようす」、2 (1)は「わた毛が とびちった ようす」を

20 どう話の 読みとり(3)
どんな ようす③

1 文しょうを 読んで、もんだいに 答えましょう。(15点)

> ドンドンと いう、戸を たたく 音で 目が さめた。戸を あけると、空が 赤かった。

(1) 「ドンドン」は、なんの 音ですか。

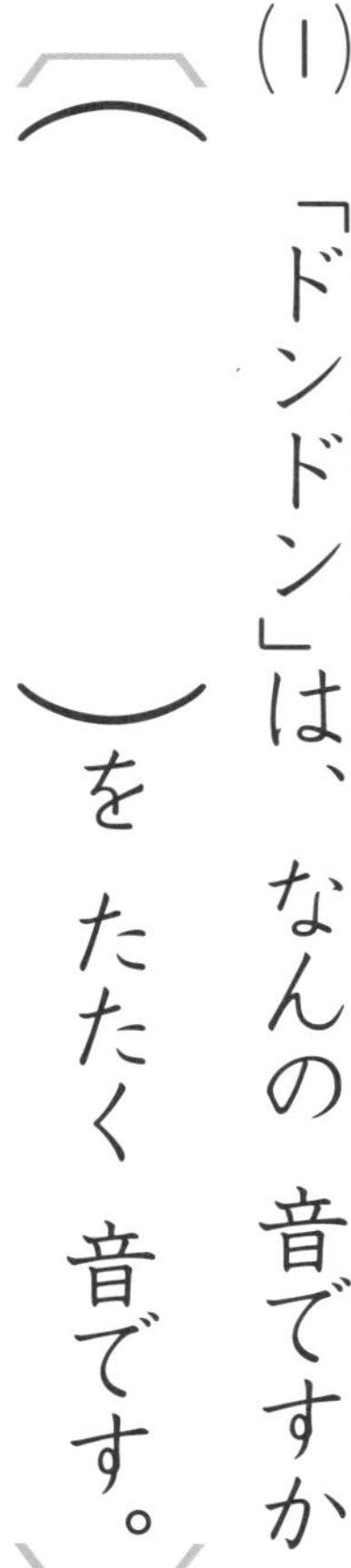

〔(　　　　　)を たたく 音です。〕

2 文しょうを 読んで、もんだいに 答えましょう。(一つ 15点)

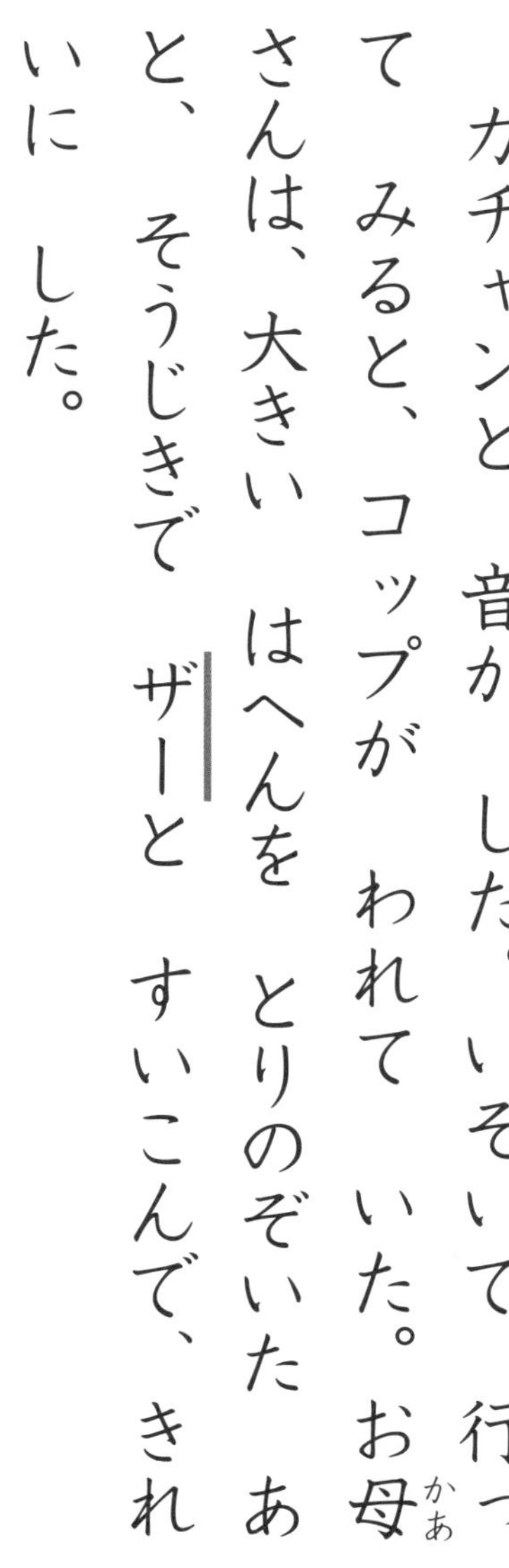

> ガチャンと 音が した。いそいで 行って みると、コップが われて いた。お母さんは、大きい はへんを とりのぞいた あと、そうじきで ザーと すいこんで、きれいに した。

(1) 「ガチャン」は、なんの 音ですか。

〔(　　　　　)が われた 音です。〕

(2) 「ザー」は、なんの 音ですか。

〔(　　　　　)で すいこんだ 音です。〕

3 文しょうを 読んで、もんだいに 答えましょう。（15点）

ダダダダッと いう 足音が した。すると、「母さん、こんな 大きな 魚 とったよ。」と 言う けんとの 声が ひびいた。

(1) 「ダダダダッ」は、なんの ようすですか。

［（　　　）が、いきおい よく 走って きた ようす。］

4 文しょうを 読んで、もんだいに 答えましょう。（一つ20点）

ザブン ザブンと つぎつぎに なみが おしよせた。かずやは、目を つぶって、岩場から 海に 入った。ドボンと いう、ものすごい 音が した。

(1) つぎの ことばは、なんの ようすですか。

① ザブン ザブン　［（　　　）が、おしよせる ようす。］

② ドボン　［（　　　）が、海に 入った ようす。］

―の ことばは、どれも 音を あらわす ことばだよ。**3** **4** では、「何」

21 どう話の 読みとり(3) どんな ようす④

月　日　名まえ
はじめ　じ　ふん
おわり　じ　ふん
かかった じかん　ふん
とくてん　てん

1 文しょうを 読んで、もんだいに 答えましょう。(20点)

りんごが ドスンと おちました。木の 下に いた りすは びっくりして、とび上がりました。

(1) りすは、びっくりして、どう しましたか。

(りすは、びっくりして、)

(　　　　　　)。

2 文しょうを 読んで、もんだいに 答えましょう。

ゆうたの なげた ボールが、はるきに 当たりそうに なりました。

「はるき、あぶない。」

と、ゆうたは、大きな 声で さけびました。

(1) はるきに ボールが 当たりそうに なって、ゆうたは、どう しましたか。(二つ 20点)

「はるき、①(　　　　　　)。」

と、大きな 声で②(　　　　　　)。

3 文しょうを 読んで、もんだいに 答えましょう。（20点）

ゆいは、かごいっぱいに 花を つみました。そして、うれしそうに スキップを しながら 家に 帰りました。

（1） スキップを しながら 家に 帰った ゆいは、どんな ようすですか。

〔（　　　　）な ようすです。〕

4 文しょうを 読んで、もんだいに 答えましょう。（20点）

子ぎつねは、ずっと まって いましたが、とうとう 母さんぎつねは 帰って きませんでした。しかたなく、子ぎつねは、森を 出て、とぼとぼと 川の 方へ 歩きだしました。

（1） 川の 方へ 歩きだした 子ぎつねは、どんな ようすですか。□から えらんで 書きましょう。

〔（　　　　）ようすです。〕

元気が よい ・ 元気が ない ・ 気分が よい

4 「とぼとぼ」から、力なく 歩きだした ことが わかるよ。母さんぎつね

22 かくにんドリル(4

「きつねの　おきゃく　さま」

月　日　名まえ

はじめ　じ　ふん　おわり　じ　ふん　かかった じかん　ふん　とくてん　てん

1 文しょうを 読んで、もんだいに 答えましょう。

　はらぺこきつねが　あるいて　いると、やせた　ひよこが　やって　きた。がぶりと　やろうと　思ったが、やせて　いるので　考えた。太らせて　から　たべようと。

　そうとも。よく　ある、よく　ある　ことさ。

「やあ、ひよこ。」

「やあ、きつねお兄ちゃん。」

「お兄ちゃん？　やめて　くれよ。」

　きつねは、ぶるるると　みぶるいした。

(1) どんな　ひよこが　やって　きましたか。（15点）

〔（　　　）ひよこです。〕

(2) きつねは　ひよこを　見て、どのように　考えましたか。（一つ15点）

〔ひよこを　①（　　　）から　②（　　　）と　考えました。〕

(3) きつねは　どのように　みぶるいしましたか。（15点）

〔（　　　）みぶるいしました。〕

でも、ひよこは　目を
丸くして　言った。

「ねえ、お兄ちゃん。どこかに　いい　すみか、ないかなあ。こまってるんだ。」

きつねは、心の　中でにやりと　わらった。

「よし　よし、おれの　うちに　きなよ。」

すると、ひよこが　言ったとさ。

「きつねお兄ちゃんって、やさしいねえ。」

「やさしい？　やめてくれったら、そんなせりふ。」

でも、きつねは、生まれて　はじめて　「やさしい」なんて　言われたので、すこし　ぼうっとなった。


（令和２年度版　教育出版　ひろがることば　小学国語　二上　70〜73ページより『きつねの　おきゃくさま』あまん　きみこ）

(4)「よし　よし」と　言った　きつねは、どんな　ようすでしたか。合う　ものに、○を　つけましょう。（20点）

ア（　）おこって　いる　ようす。

イ（　）よろこんで　いる　ようす。

ウ（　）かなしんで　いる　ようす。

(5)　ひよこに「やさしい」と　言われた　きつねは　どう　なりましたか。（20点）

すこし（　　　　）なりました。

はらぺこきつねが　あるいて　いたら、やせた　ひよこが　やって　きたよ。きつねは、ひよこを　太らせてから　たべようと　考え、家に　つれて　か

23 せつ明文の 読みとり(2) どんな じゅんじょ①

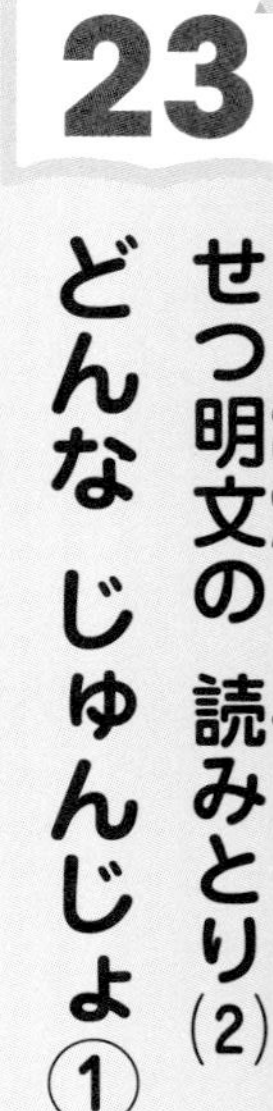

❶ 文しょうを 読んで、もんだいに 答えましょう。

川は、ちょろちょろした 細い ながれから はじまります。

やがて、細い ながれは、小さな 川に なります。そして、小さな 川は、べつの 川と いっしょに なって、大きな 川に なります。

そうして、海へと ながれて いきます。

(1) つぎの 絵が、文しょうに 書かれて いる じゅんに なるように、□に 1から 4の 番ごうを 書きましょう。 (一つ 10点)

㋐ 川は、細い ながれから はじまる。

㋑ そして、べつの 川と いっしょに なって、大きな 川に なる。

㋒ そうして、海へと ながれて いく。

㋓ やがて、小さな 川に なる。

2 文しょうを 読んで、もんだいに 答えましょう。

オオムラサキは、林に すむ チョウです。
夏、たまごから かえった よう虫は、木の はを 食べて すごします。秋に なると、木から おりて きます。おちばの 中で、冬を こす ためです。
つぎの 年の 春、また、木に のぼり、夏の はじめごろ、さなぎに なります。そして、二週間くらい たつと、せい虫に なります。

(1) つぎの 絵が、文しょうに 書かれて いる じゅんに なるように、□に 1から 4の 番ごうを 書きましょう。 (一つ15点)

㋐ 夏、たまごから かえる。

㋑ つぎの 年の 夏、さなぎに なる。

㋒ 秋に 木から おりて、おちばの 中で 冬を こす。

㋓ せい虫に なる。

1 「やがて」や、「そうして」などの 文の はじめの ことばや、 2 「春・

ん出版

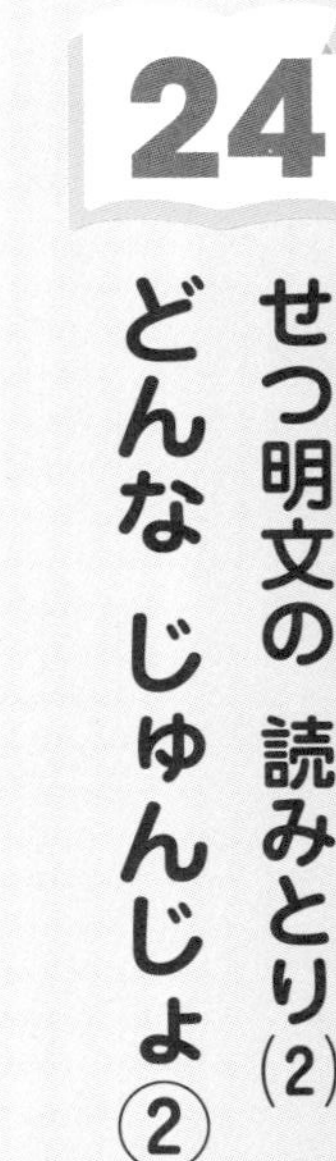

24 せつ明文の 読みとり(2)
どんな じゅんじょ②

1 文しょうを 読んで、もんだいに 答えましょう。

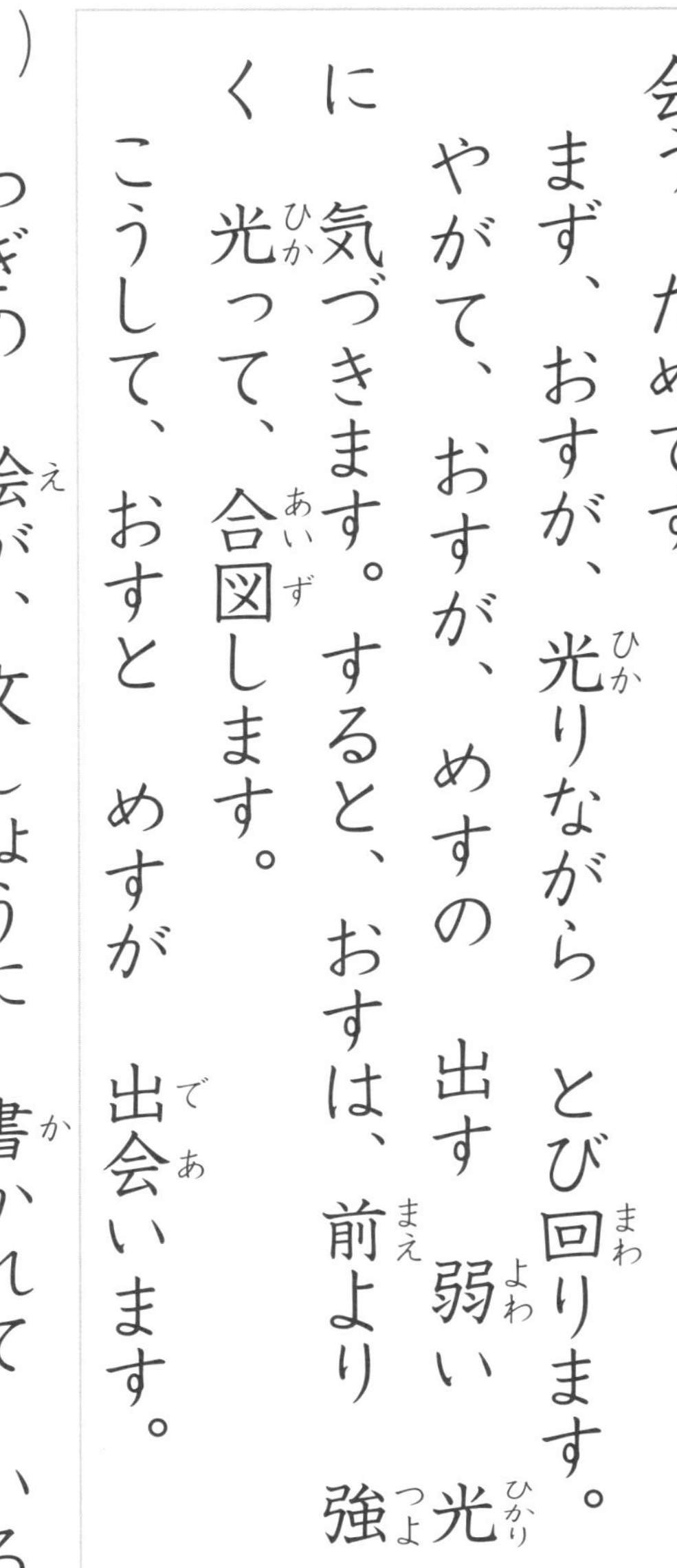

ホタルが 光るのは、おすと めすが 出会う ためです。

まず、おすが、光りながら とび回ります。

やがて、おすが、めすの 出す 弱い 光に 気づきます。すると、おすは、前より 強く 光って、合図します。

こうして、おすと めすが 出会います。

(1) つぎの 絵が、文しょうに 書かれて いる じゅんに なるように、□に 1から 4の 番ごうを 書きましょう。 (一つ 10点)

2 文しょうを 読んで、もんだいに 答えましょう。

雪だるまを 作る とき、まず、小さな 雪の 玉を ころがして いって、大きな 玉を 作ります。これが 体に なります。

つぎに、体と 同じように して、体より 少し 小さい 玉を 作ります。これが 頭に なります。

そして、でこぼこした ところは、雪を くっつけて、形を ととのえます。

おしまいに、木の み・や はっぱ、えだなどを つかって 顔や 手を 作れば できあがりです。

(1) つぎの 絵が、文しょうに 書かれて いる じゅんに なるように、□に 1から 4の 番ごうを 書きましょう。（一つ15点）

せつ明文の 読みとり(2) どんな じゅんじょ③

1 文しょうを 読んで、もんだいに 答えましょう。

ホタルが 光るのは、おすと めすが 出会う ためです。

まず、おすが、光りながら とび回ります。

やがて、おすが、めすの 出す 弱い 光に 気づきます。すると、おすは、前より 強く 光って、合図します。

こうして、おすと めすが 出会います。

(1) つぎの ㋐から ㋓の 文が、文しょうに 書かれて いる じゅんに なるように、□に 1から 4の 番ごうを 書きましょう。(一つ 10点)

㋐ まず、おすが、光りながら とび回ります。…… 1

㋑ すると、おすは、前より 強く 光ります。…… □

㋒ こうして、おすと めすが 出会います。…… □

㋓ やがて、おすが、めすの 出す 弱い 光に 気づきます。…… □

2 文しょうを 読んで、もんだいに 答えましょう。

草むしりを しやすいのは、雨が ふった後です。

ずっと 雨が ふらないと、土は、かちかちに かたまって しまいます。

雨が ふると、かわいた 土に 水が しみこんで、土が やわらかく なります。

土が やわらかく なれば、草も ぬけやすく なります。

(1) つぎの ㋐から ㋓の 文が、文しょうに 書かれて いる じゅんに なるように、□に 1から 4の 番ごうを 書きましょう。（一つ 15点）

㋐ 雨が ふると、水が しみこんで、土が やわらかく なります。 ……□

㋑ 草むしりを しやすいのは、雨が ふった 後です。 ……□

㋒ 土が やわらかく なれば、草も ぬけやすく なります。 ……□

㋓ 雨が ふらないと、土は、かたまって しまいます。 ……□

26 せつ明文の 読みとり(2) 文を つなぐ ことば①

月　日　名まえ

はじめ　じ　ふん

おわり　じ　ふん

かかった じかん　ふん

とくてん　てん

1 □の ことばに 気を つけて、（　）に 合う ことばを、⬚から えらんで 書きましょう。（一つ10点）

(1) 早く ねた。［だから］、早く（　　　）。

⬚ おきた ・ おきなかった

(2) のどが いたい。［それで］、うがいを（　　　）。

⬚ した ・ しなかった

2 □に 合う ことばを、⬚から えらんで 書きましょう。（一つ15点）

(1) 雨が ふった。□、道が ぬれて いる。

⬚ でも ・ だから

(2) 本を 読んだ。□、よく わかった。

⬚ それで ・ しかし

3 □の ことばに 気(き)を つけて、（　）に 合(あ)う ことばを、□から えらんで 書(か)きましょう。（一つ 10点）

(1) 早く ねた。でも、早く（　　　　）。

おきた ・ おきなかった

(2) かぜを ひいた。しかし、ねつは（　　　　）。

出た ・ 出なかった

4 □に 合(あ)う ことばを、□から えらんで 書(か)きましょう。（一つ 15点）

(1) 雨が ふった。□、道(みち)は ぬれて いない。

でも ・ だから

(2) まどを ふいた。□、きれいに ならなかった。

だから ・ しかし

「でも」や 「しかし」は、前(まえ)の 文と はんたいの ことが、後(あと)に つづく ときに つかうよ。

せつ明文(めいぶん)の 読(よ)みとり(2)
文を つなぐ ことば②

1 文しょうを 読(よ)んで、もんだいに 答(こた)えましょう。（一つ 25点）

> アリは、大きな あごを もって います。だから、大きな えさでも、一ぴきで はこびます。［　　　］、あまり 大きすぎて 一ぴきで はこべない ときは、みんなで はこびます。

(1) アリは、大きな えさを、どのように はこびますか。「だから」に 気を つけて、（　）に 合(あ)う ことばを、［　］から えらんで 書(か)きましょう。

アリは、大きな あごを もって います。
だから、大きな えさでも、（　　　　）で はこびます。

［ 一ぴき ・ みんな ］

(2) 文しょう中の［　］に 合(あ)う ことばを、［　］から えらんで 書(か)きましょう。

［ だから ・ しかし ］

2 文しょうを 読んで、もんだいに 答えましょう。（一つ25点）

木の しるが 出る ところには、いろいろな 虫が、たくさん あつまります。①［　　］、けんかを する ことは あまり ありません。しかし、木の しるが 出る ところが せまいと、虫どうしが ぶつかって、しるを よく すえなく なります。②［　　］、けんかが はじまります。

(1) 文しょう中の ①の □に 合う ことばを、［　］から えらんで 書きましょう。

［ でも ・ だから ］

(2) 文しょう中の ②の □に 合う ことばを、［　］から えらんで 書きましょう。

［ それで ・ しかし ］

2 □の ところに、［　］の ことばを それぞれ あてはめて、文を 読んで みよう。□の 前の 文と 後の 文の つづき方は、どう

ん出版

「さけが 大きく なるまで」

❶ 文しょうを 読んで、もんだいに 答えましょう。

1 秋に なる ころから、大人の さけは、たくさん あつまって、たまごを うみに、海から 川へ やって きます。［ ① ］、いきおいよく 川を 上ります。（一部省略）

2 やがて、水の きれいな 川上に たどりつくと、さけは、おびれを ふるわせて、すなや 小石の 川ぞこを ほります。（一部省略）その くぼみの そこに たまごを たくさん うんで、うめて しまいます。

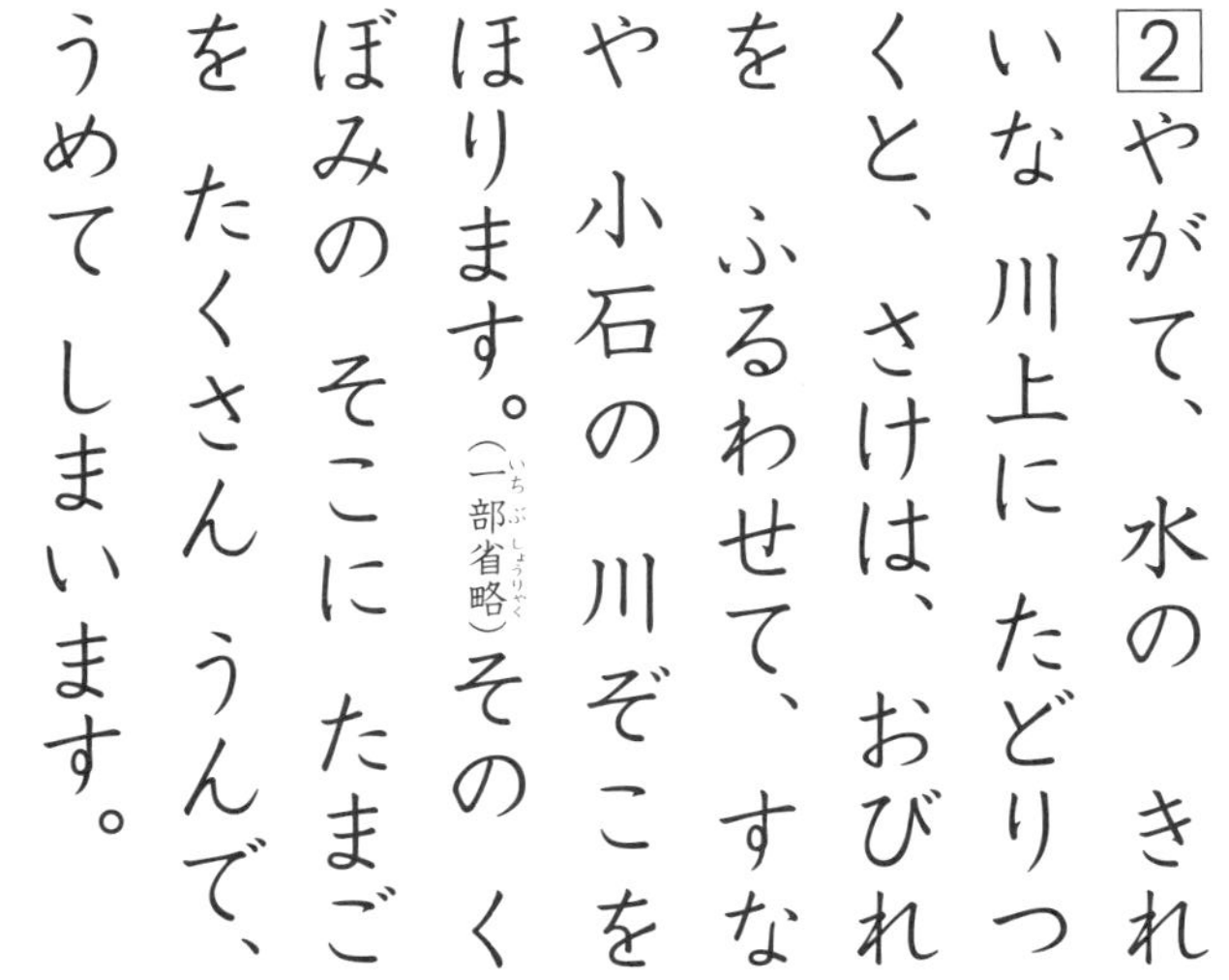

(1) 秋、大人の さけが 海から 川へ やって くるのは、どうしてですか。（20点）

〔　　　〕

(2) ［ ① ］に 合う ことばを 一つ えらんで、○を つけましょう。（15点）

ア（　）しかし
イ（　）そして
ウ（　）それとも

(3) さけが たどりつくのは、川の どんな ところですか。（20点）

〔水の（　　　）川上です。〕

3 冬(ふゆ)の間(あいだ)に、たまごからさけの赤ちゃんが生まれます。大きさは三センチメートルぐらいです。その時(とき)は、おなかに、赤いぐみのみのような、えいようの入ったふくろがついています。[②]、それがなくなって、四センチメートルぐらいの小魚(こざかな)になります。

4 春(はる)になるころ、五センチメートルぐらいになったさけの子どもたちは、海(うみ)にむかって川を下りはじめます。水にながされながら、いく日もいく日もかかって、川を下っていきます。

（令和2年度版　教育出版　ひろがることば　小学国語二下　6〜9ページより『さけが大きくなるまで』）

(4) さけの赤ちゃんは、おなかに、どんなものをつけていますか。(15点)

〔赤い（　　　　　）のような、えいようの入ったふくろ。〕

(5) [②]に合(あ)うことばを一つえらんで、○をつけましょう。(15点)

ア（　）つまり
イ（　）やがて
ウ（　）そこで

(6) つぎのさけのようすは、[1]から[4]のどのまとまりに書(か)かれていますか。(15点)

川のそこにくぼみを作(つく)って、たまごをうむ。

[　　]

29 どう話の 読みとり(4)
どんな 気もち①

月　名まえ

はじめ　じ　ふん
おわり　じ　ふん
かかった じかん　ふん

とくてん　てん

1 □の 文を 読んで、もんだいに 答えましょう。（15点）

けんたは、先生に ほめられて、うれしく なりました。

(1) けんたは、どんな 気もちに なりましたか。

〔（けんたは、）（ うれしく ） なりました。〕

2 □の 文を 読んで、もんだいに 答えましょう。（15点）

みおは、お母さんに しかられて、かなしく なりました。

(1) みおは、どんな 気もちに なりましたか。

〔（みおは、）（　　　　） なりました。〕

3 □の 文を 読んで、もんだいに 答えましょう。（15点）

しんごは、遠足に 行って、楽しく なりました。

(1) しんごは、どんな 気もちに なりましたか。

〔（　　　　） なりました。〕

4　□の　文を　読んで、もんだいに　答えましょう。（15点）

けんたは　うれしくて、
とび上がりました。

(1)　けんたは、どんな　気もちで　とび上がりましたか。

（　うれしい　）気もちで　とび上がりました。

5　□の　文を　読んで、もんだいに　答えましょう。（20点）

みおは　かなしくて、
ワーワー　なきました。

(1)　みおは、どんな　気もちで　なきましたか。

（　　　　）気もちで　なきました。

6　□の　文を　読んで、もんだいに　答えましょう。（20点）

たくやは　くやしくて、
何回も　れんしゅうしました。

(1)　たくやは、どんな　気もちで　れんしゅうしましたか。

（　　　　）気もちで　れんしゅうしました。

30 どう話の 読みとり(4) どんな 気もち②

1 □の 文を 読んで、もんだいに 答えましょう。(25点)

まさきは、一とうを とったので、うれしく なりました。

(1) まさきは、一とうを とった とき、どんな 気もちでしたか。

（　　　　　）気もちでした。

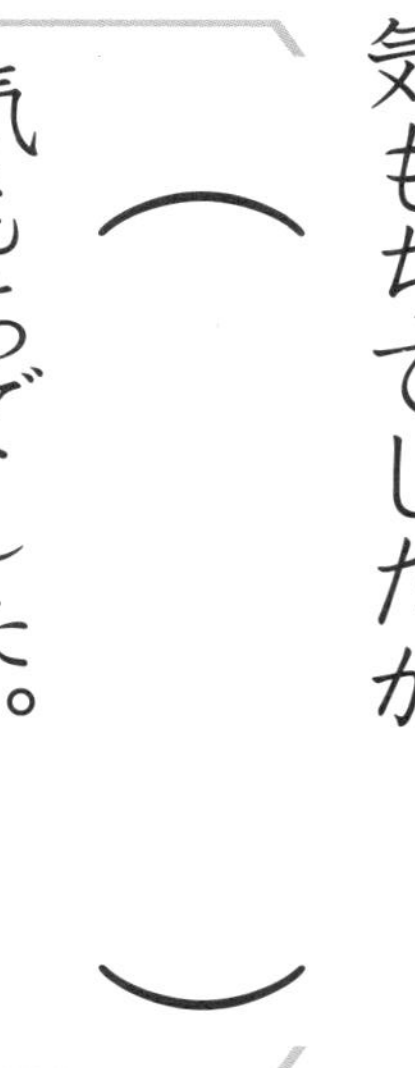

2 文しょうを 読んで、もんだいに 答えましょう。(25点)

大きな 声で 弟の 名前を よびました。するとへ まわりの 人が じいっと かほを 見ました。かほは、はずかしく なりました。

(1) まわりの 人が かほを 見た とき、かほは、どんな 気もちでしたか。

（　　　　　）気もちでした。

3 文しょうを 読んで、もんだいに 答えましょう。（25点）

友だちは みんな 帰って、ゆかは、ひとりぼっちに なった。あそびどうぐを かたづけながら、ゆかは、さびしく なった。

(1) ひとりぼっちに なった とき、ゆかは、どんな 気もちでしたか。

（　　　　　　　）気もちでした。

4 文しょうを 読んで、もんだいに 答えましょう。（25点）

あそびに むちゅうで、帰る 時間が おそく なった。外は まっくらだった。人通りが ない 道を 歩いて いて、なおきは、こわく なった。

(1) 人通りが ない 道を 歩いて いた とき、なおきは、どんな 気もちでしたか。

（　　　　　　　）気もちでした。

31 どう話の 読みとり(4) どんな 気もち③

月　日
名まえ
はじめ　じ　ふん
おわり　じ　ふん
かかった じかん　ふん
とくてん　てん

1 □の 文を 読んで、もんだいに 答えましょう。(15点)

まさきは、一とうを とって、とび上がった。

(1) まさきの どんな ようすから、うれしい 気もちが わかりますか。

〔（とび上がった）ようすから。〕

2 □の 文を 読んで、もんだいに 答えましょう。(15点)

たくみは おこられて、しょんぼりした。

(1) たくみの どんな ようすから、さびしい 気もちが わかりますか。

〔（　　　　）ようすから。〕

3 □の 文を 読んで、もんだいに 答えましょう。(15点)

みほは、名前を よばれて、どきっと した。

(1) みほの どんな ようすから、おどろいた 気もちが わかりますか。

〔（　　　　）ようすから。〕

4 文しょうを 読んで、もんだいに 答えましょう。（15点）

はやとが だいじに して いた 船の もけいを、弟の こうたが こわして しまった。はやとは、こうたを 大声で どなりつけた。

(1) はやとの どんな ようすから、おこった 気もちが わかりますか。

〔大声で（　　　）ようすから。〕

5 文しょうを 読んで、もんだいに 答えましょう。（一つ20点）

けんじは、自てん車に のって いた。すると、よこ道から 車が 出て きて、キーッと 止まった。けんじは、はっと して いきを のんだ。

(1) けんじの どんな ようすから、おどろいた 気もちが わかりますか。

〔①（　　　）して いきを
②（　　　）ようすから。〕

そのときの 人の ようすから、気もちが わかるよ。どんな ようすか

32 どう話の 読みとり⑷ どんな 気もち④

1 文しょうを 読んで、もんだいに 答えましょう。（25点）

何回か やって いたら、とつぜん、体が くるんと 回った。あらたは、さか上がりが できたので、うれしくて たまらなかった。

(1) あらたが うれしかったのは、どうしてですか。

〔（　　　　　）が できたからです。〕

2 文しょうを 読んで、もんだいに 答えましょう。（25点）

なおきは、ゴールの 前で まさきに ぬかれて、二ちゃくに なった。なおきは、くやしくて しかたなかった。

(1) なおきが くやしかったのは、どうしてですか。

〔まさきに ぬかれて、（　　　　　）に なったからです。〕

3 文しょうを 読んで、もんだいに 答えましょう。（25点）

朝 おきて、鳥かごの 中を 見たら、インコの チッチが しんでいた。わたしは、かなしく なって、しくしく ないて しまった。

(1) 「わたし」が かなしく なったのは、どうしてですか。

［インコの（　　　　）が しんで いたから です。］

4 文しょうを 読んで、もんだいに 答えましょう。（25点）

ビルの おく上からの ながめは すばらしかった。でも、すぐ 下を 見たら、まっさかさまに おちそうな 気が して、ゆづきは こわく なった。それからは、足が ふるえて、ゆっくり ながめる 気分に ならなかった。

(1) ゆづきが こわく なったのは、どうしてですか。

［下を 見たら、まっさかさまに（　　　　）な 気が したからです。］

どんな ことが あって、そう いう 気もちに なったのかを 考えるよ。

33 どう話の 読みとり(4)
どんな 人

月　名まえ
はじめ　じ　ふん
おわり　じ　ふん
かかった じかん　ふん
とくてん　てん

1 文しょうを 読んで、もんだいに 答えましょう。(一つ25点)

あつしは あそんで いて、足を すべらせ、思いきり ころんで しまいました。ひざの ところが 赤く なって います。あつしは、いたいのを こらえて、ぐっと は・をくいしばりました。
「へえ、あっちゃんて、強いんだね。」
と みゆは かんしんして、あつしの 顔を見ました。

(1) みゆが かんしんしたのは、どうしてですか。

ひざが いたいのを、あつしが、
(　　　　)て いたからです。

(2) あつしは、どんな 子ですか。[　]から えらんで 書きましょう。

(　　　　) 子です。

[わがままな ・ がまん強い]

2 文しょうを 読んで、もんだいに 答えましょう。(一つ25点)

子ぐまの コロは、おなかが すいたので
家に 帰る ことに しました。ところが、と
ちゅうで、ないて いる りすに 会いました。
「おうちが わからないよう。」
コロの おなかは、グーグー 鳴って い
ます。どう しようか まよった コロは、
「じゃあ、いっしょに さがそうよ。」
と りすに 言って、にっこり わらいました。

(1) コロが、「どう しようか まよった」のは、
どうしてですか。

〔おなかが、(　　　　)ので、
早く 家に 帰りたかったからです。〕

(2) コロは、どんな 子ぐまですか。[　　]から
えらんで 書きましょう。

〔(　　　　)子ぐまです。〕

[いじわるな・やさしい・親切でない]

人が 言った ことば「 」(かぎ)の ところに 気を つけて 読もう。
2 でも、おなかが ペコペコなのに、コロは、りすの 家を さがす こ

34 かくにんドリル(6)

「ニャーゴ」

❶ 文しょうを 読んで、もんだいに 答えましょう。

（うまい。でも、たくさん 食べたら いけないぞ。おなか いっぱいに なったら、こいつらが 食べられなく なるからな。ひひひひ。）

ねこは、ももを 食べながら 思いました。

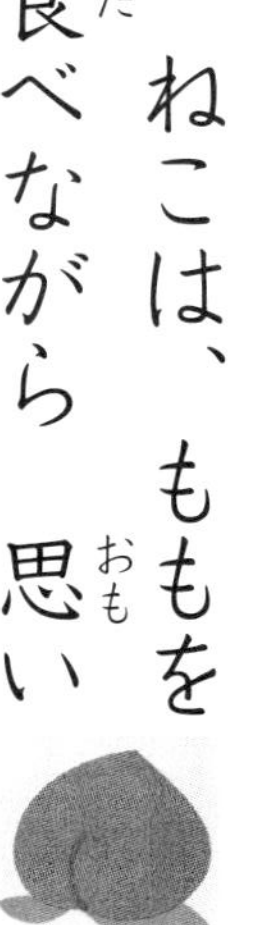

ももを 食べおわると、三びきの 子ねずみと ねこは、のこった ももを もって、帰って いきました。

そして、あと 少しの ところまで 来たときです。ねこは、ぴたっと 止まって、

ニャーゴ

(1) 〰〰の ときの、ねこの 気もちに 合う ほうに、○を つけましょう。(25点)

ア（　　）楽しみな 気もち。

イ（　　）親切な 気もち。

(2) 「ニャーゴ」と ねこが さけんだのは、どんな 気もちからですか。(25点)

〔おまえたちを（　　　　）やる という 気もち。〕

月　名まえ　はじめ　じ　ふん　おわり　じ　ふん　かかった じかん　ふん　とくてん　てん

できるだけ　こわい顔で　さけびました。
そして、
「おまえたちを　食って　やる。」
と　言おうと　した　その　ときです。
ニャーゴ
ニャーゴ
ニャーゴ
三びきが　さけびました。
「へへへ、たまおじさんと　はじめて　会った　とき、おじさん、ニャーゴって　言ったよね。あの　とき、おじさん、こんにちはって　言ったんでしょう。そして、今の　ニャーゴが　さよならなんでしょ。」

（令和２年度版　東京書籍　新しい国語二上　129〜131ページより『ニャーゴ』みやにし　たつや）

(3)　ねずみたちが　さけんだ、「ニャーゴ　ニャーゴ　ニャーゴ」は、どんな　いみですか。合う　ものに、○を　つけましょう。（20点）

ア（　　）食べないで。
イ（　　）さよなら。
ウ（　　）おいしい。

(4)　はじめて　会った　ときの　ニャーゴを、ねずみたちは、どう　思って　いましたか。（30点）

〔と　言ったと　思って　いました。〕

ねこは、三びきの　子ねずみを　食べようと　思って　いるんだよ。ところが　子ねずみたちは、ねこを　「たまおじさん」と　よんで、こわがっては

35 せつ明文の 読みとり(3)
だいじな ところ①

月　日
はじめ　じ　ふん
おわり　じ　ふん
かかった じかん　ふん
名まえ
とくてん　てん

1 文しょうを 読んで、もんだいに 答えましょう。

> ①一つの ところに、たねを いくつも まくと、草木は、あまり 大きく そだちません。
> ②草木が 大きく そだつには、ねを いっぱいに 広げられる ところが ひつようです。
> ③つまり、広い ところに うつして あげると、めは ぐんぐん のびて いきます。

(1) 一つの ところに、たねを いくつも まくと、草木は どう なりますか。（10点）

〔(草木は、)あまり（　　　）そだちません。〕

(2) 草木が 大きく そだつには、何が ひつようですか。（一つ 10点）

〔㋐（　　　）を いっぱいに
㋑（　　　）ところが ひつようです。〕

(3) どう すると、めは ぐんぐん のびますか。（15点）

〔（　　　）ところに うつして あげると、めは ぐんぐん のびます。〕

2 文しょうを 読んで、もんだいに 答えましょう。

> ①夏の あつい 日に、水を のみたく なるのは、どうしてでしょう。
> ②それは、体から 水が 出て いって しまうからです。
> ③あついと、たくさん あせを かきます。この あせは、体に 入って いた 水分です。それで、のどが かわくのです。

(1) 体から 出て いく 水とは、なんですか。
③の まとまりから さがして 書きましょう。（10点）

〔（　　　　）です。〕

(2) 「のどが かわく」のは、どうしてですか。（15点）

〔体に 入って いた（　　　　）が、あせに なって 出て いって しまうからです。〕

(3) あつい 日に、水を のみたく なるのは、どうしてですか。（一つ15点）

〔あついと、たくさん㋐（　　　　）をかいて、㋑（　　　　）から 水が 出て いって しまうからです。〕

①②③の まとまりごとに、何が 書かれて いるのかを 読みとって い

36 せつ明文の 読みとり(3) だいじな ところ②

月　　日

名まえ

はじめ　じ　ふん　おわり　じ　ふん　かかった じかん　ふん

とくてん　てん

1 文しょうを 読んで、もんだいに 答えましょう。

①海の 近くの 川に ある 石は、角が ない、丸い ものばかりです。
②これは、石が、川に ながされて くるからです。
③はじめは、大きくて ごつごつして いる 石も、川を ながれて くる うちに、角が けずられて、丸く なるのです。

(1) 海の 近くの 川に ある 石は、どんな ものばかりですか。(一つ15点)

㋐(　　　　)が ない、㋑(　　　　)ものばかりです。

(2) 石は、川を ながれて くる うちに、どう なるのですか。(一つ15点)

大きくて ㋐(　　　　)して いる 石も、角が ㋑(　　　　)、丸く なるのです。

❷ 文しょうを 読んで、もんだいに 答えましょう。

①ツバメが、地めんに 近い ところを とんで いると、雨に なると いいます。②ツバメは、小さな 虫を 食べる 鳥です。③雨が ふりそうに なると、とぶ 虫の 数が 少なく なります。④それで、ツバメは 虫を さがす ために、地めんの 近くまで ひくく とぶように なります。

(1) ツバメが どんな ところを とんで いると、雨に なると いうのですか。(10点)

〔地めんに (　　　　) ところ。〕

(2) 雨が ふりそうに なると、とぶ 虫の 数は、どう なりますか。(15点)

〔(　　　　) なります。〕

(3) ツバメが ひくく とぶのは、どうしてですか。(15点)

〔地めんの 近くまで 虫を (　　　　) ためです。〕

❶「角が ない」「角が けずられて」、「丸い もの」「丸く なる」のように、
にた 言い方の ことばで くりかえし せつ明して いる ところに 気

37 せつ明文の 読みとり(3)
だいじな ところ③

1 文しょうを 読んで、もんだいに 答えましょう。

①草むしりを しやすいのは、雨が ふった 後です。

②ずっと 雨が ふらないと、土は、かちかちに かたまって しまいます。

③雨が ふると、かわいた 土に 水が しみこんで、土が やわらかく なります。

④土が やわらかく なれば、草も ぬけやすく なります。

(1) つぎの とき、土は、どう なりますか。（一つ15点）

㋐ ずっと 雨が ふらない とき。

〔かちかちに（　　　　）しまいます。〕

㋑ 雨が ふった とき。

〔（　　　　）なります。〕

(2) 雨が ふった 後、草むしりを しやすいのは、どうしてですか。（20点）

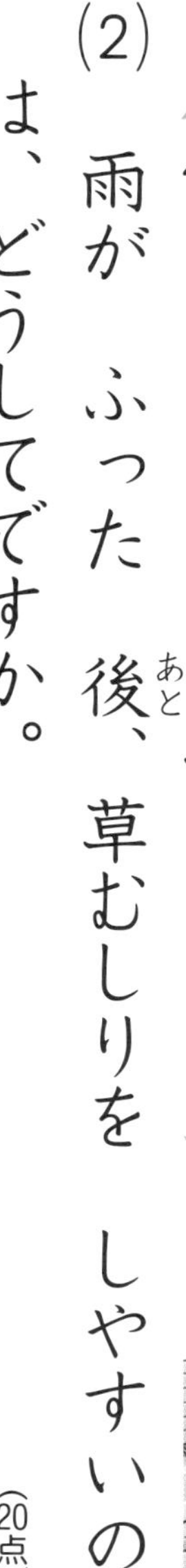

〔土が やわらかく なって、草が（　　　　）なるからです。〕

2 文しょうを 読んで、もんだいに 答えましょう。

①とかげの しっぽは、ぷちっと 切れるように なって います。②それで、切れた しっぽに、てきが 気を とられて いる うちに、にげる ことが できます。③その ときは、しっぽの ない とかげに なって しまいますが、しばらくすると、しっぽは、また、はえて きます。

(1) とかげの しっぽは、どのように なって いますか。（15点）

〔ぷちっと（　　　）ように なって います。〕

(2) しっぽが 切れる ことで、とかげは、どう する ことが できますか。（20点）

〔てきから（　　　）ことが できます。〕

(3) 切れて しばらくすると、しっぽは、どう なりますか。（15点）

〔また、（　　　）きます。〕

1 ①の ことがらを、②③④で せつ明して いるよ。**2** とかげの しっ

ん出版

38 せつ明文の 読みとり(3)
なんの まとまり

1 文しょうを 読んで、もんだいに 答えましょう。(一つ 20点)

①バッタの 後ろ足が 大きいのは、どうしてでしょう。
②バッタには、多くの てきが います。いつ おそわれるか わかりません。
③とぶ 時間が ない とき、バッタは いきおいよく ジャンプして べつの ところへ 行きます。
④このように、遠くまで ジャンプする ために、バッタの 後ろ足は 大きいのです。

(1) 「とぶ 時間が ない とき、バッタが ジャンプする」ことは、①から ④の どの まとまりに 書かれて いますか。

……□の まとまり

(2) 「バッタの 後ろ足が 大きいのは、どうしてでしょう。」に ついての 答えは、②から ④の どの まとまりに 書かれて いますか。

……□の まとまり

❷ 文しょうを 読んで、もんだいに 答えましょう。

> ①ゴムは、のびたり ちぢんだり します。
> ②ゴムで できた 風船を ふくらませます。そして、りょう手で はさんで ぎゅっと おして みます。でも、風船は 少し へこむだけで、すぐ 元に もどります。
> ③同じ ことを、紙の ふくろで して みると、ふくろは、パンと やぶれて しまいます。
> ④紙は、ゴムのように のびないからです。

(1) 「ゴムの 風船」と「紙の ふくろ」を、〰の ように して、どう なったかは、①から ④の どの まとまりに 書かれて いますか。（一つ20点）

㋐ ゴムの 風船……□の まとまり

㋑ 紙の ふくろ……□の まとまり

(2) 紙の ふくろが やぶれて しまうのは、どうしてですか。（20点）

〔紙は、ゴムのように（　　　　　　）からです。〕

❶ ①の といかけを、②③④で せつ明する 形に なって いるよ。④

かくにんドリル(7) 「食べるのは、どこ」

月　日　名まえ

はじめ　じ　ふん　おわり　じ　ふん　かかったじかん　ふん　とくてん　て

❶ 文しょうを 読んで、もんだいに 答えましょう。

1 はを 食べる やさいには、キャベツが あります。キャベツは、なえの ころには、はを よこに ひろげて います。大きく なるに つれて、新しく 出て くる はを 玉のように 丸く まきながら そだちます。

2 花を 食べる やさいも あります。ブロッコリーは、小さな 花の つぼみが、たくさん あつまって、ひとかたまりに なって います。

3 なすは、みを 食べる やさいです。むらさき色の 花が さいた後、花の つけねの と

(1) つぎの やさいは なんですか。（一つ10点）

① 花を 食べる やさい

（　　　　）

② みを 食べる やさい

（　　　　）

③ はを 食べる やさい

（　　　　）

(2) キャベツは、大きく なるに つれて どのように そだちますか。（一つ10点）

新しく 出て くる はを、①（　　　　）丸く ②（　　　　）そだちます。

ころが、だんだん ふくらんで、みに なります。

4 にんじんは、地面の 下の ねが どんどん 太く なった ものです。（一部省略）

5 じゃがいもは、いもを 土の 中に うえると、土の 中で めと ねが 出て きます。（一部省略）じゃがいもは、地面の 下に のびた くきの 一部に えいようが たまって ふくらんだ ものなのです。

6 らっかせいは、にんじんや じゃがいもと 同じように、地下に できる やさいですが、ねでも なければ、地下の くきでも ありません。わたしたちが 食べる 部分は たねです。

（令和２年度版 学校図書 みんなと学ぶ 小学校こくご 二年上98〜100ページより『食べるのは、どこ』）

(3) つぎの やさいの せつ明は、4から 6の どの まとまりに 書かれて いますか。（一つ10点）

① ねを 食べる やさい。 □

② たねを 食べる やさい。 □

(4) じゃがいもは 何が ふくらんだ ものですか。（10点）

〔　　　　〕

(5) にんじん、じゃがいも、らっかせいは、どのような やさいの なかまですか。（20点）

〔地面の （　　　） で そだつ やさいの なかま。〕

わたしたちが いつも 食べて いるのは、やさいの どの 部分かが 書かれて いるよ。4・5・6の やさいは 土の 中で そだつ やさいな

「てのひらを太陽に」「山」

1 詩を 読んで、もんだいに 答えましょう。

てのひらを太陽に

ぼくらは みんな生きて
いる
生きているから 歌うん
だ
ぼくらは みんな生きて
いる
生きているから かなし
いんだ

てのひらを太陽に
すかしてみ
れば
まっかに流
れる ぼく
の血しお
みみずだって おけら
だって
あめんぼうだって
みんなみんな 生きてい
るんだ
ともだちなんだ

（平成27年度版 光村図書 こくご 二下 赤とんぼ 72・73ページよ
り「てのひらを太陽に」やなせ たかし）

(1) 「ぼくら」は なぜ 歌うのですか。（10点）

〔　　　　〕

(2) てのひらを 太陽に すかして みると、何が 見えますか。（10点）

〔（　　　　）に流れる ぼくの血しお。〕

(3) この 詩に 出て くる 「ぼく」いがいの 生きものは なんですか。三つ 書きましょう。（一つ 10点）

〔　　　　〕
〔　　　　〕
〔　　　　〕

❷ 詩を 読んで、もんだいに 答えましょう。

山

うれしいときは
山をみる
どっしり　すわった
山をみる
〝しっかりやれよ〟と
いうように
山はだまって
ぼくをみる

かなしいときも
山をみる
どっしり　すわった
山をみる
〝だいじょうぶだよ〟と
いうように
山はだまって
ぼくをみる

（令和２年度版　学校図書　みんなと学ぶ小学校こくご　二年下　118・119ページより「山」はら　くにこ）

(1)　「ぼく」が　みる　山は、どんな　山ですか。（15点）

［　　　　　　　　　　］

(2)　うれしい　とき、「ぼく」が　山を　みると、山は　なんと　いって　いるように　思えるのですか。（15点）

［　　　　　　　　　　］

(3)　かなしい　とき、「ぼく」が　山を　みると、山は　なんと　いって　いるように　思えるのですか。（20点）

［　　　　　　　　　　］

❶の「てのひらを太陽に」は、元気な　かんじが　する　詩だね。❷「ぼく」
は、どういう　ときに　山を　みるんだろう。その　ときの　気もちを　そ

41 しんだんテスト(1)「わたしは おねえさん」

月　名まえ
はじめ　じ　ふん
おわり　じ　ふん
かかった じかん　ふん
とくてん　てん

1 文しょうを 読んで、もんだいに 答えましょう。

すみれちゃんには、自分が、なきたいのか おこりたいのか 分かりませんでした。それで、じっと、ノートを 見て いました。かりんちゃんが かいた ぐちゃぐちゃの ものを 見て いました。

「何よ、これ。」

と、すみれちゃんは 言いました。

すみれちゃんは、それが 何か、知りたかった わけでは ありませんでした。けれど、かりんちゃんは、

「お花。」

と 答えました。

「お花。これが お花なの。」

そう 言うと、すみれちゃんは、かりんちゃん

(1) じっと、ノートを 見て いた とき、すみれちゃんは どんな 気もちでしたか。(20点)

〔　　　　　　　　気もち。〕

(2) 「何よ、これ。」と 言った ときの すみれちゃんの 気もちに 合う ほうに、○を つけましょう。(10点)

ア (　　)それが 何か 知りたい。

イ (　　)それが 何か 知りたい わけでは ない。

(3) 「これ」は、何を さして いますか。(20点)

〔　　　　　　　　〕

を 見ました。かりんちゃんは、「そう。」と 言う ように うなずきました。それから、まどの 外を ゆびさして、もういちど、
「お花。」
と 言いました。

そこには、すみれちゃんが 水を やったばかりの コスモスが さいて います。

すみれちゃんは、もう いちど、ノートを 見ました。じっと。ずっと。

「あはは。」

すみれちゃんは わらいだしました。コスモスに なんか ちっとも 見えない ぐちゃぐちゃの 絵が、かわいく 見えて きたの です。

「あはは。」

と、かりんちゃんも わらいだしました。

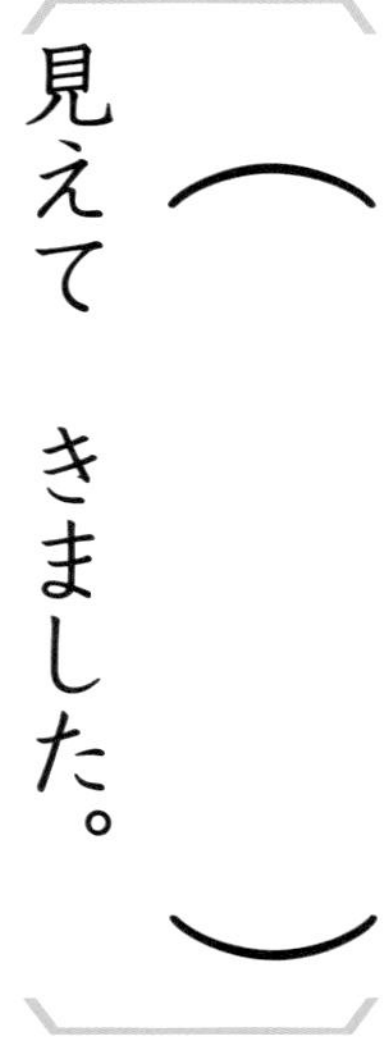

（令和２年度版 光村図書 こくご 二下 赤とんぼ 63～66ページより『わたしはおねえさん』いしい むつみ）

(4) かりんちゃんが ゆびさした まどの 外に は 何が ありましたか。（二つ 10点）

すみれちゃんが ①（　　　　）ばかりの ②（　　　　）の 花。

(5) すみれちゃんは、もう いちど、ノートを どのように 見ましたか。（15点）

［　　　　　　　　］

(6) すみれちゃんは、かりんちゃんが かいた 絵が どう 見えて きましたか。（15点）

［（　　　　　　　　）見えて きました。］

すみれちゃんは、ノートに らくがきを されたと 思って、なきたいし、おこりたい 気もちに なったんだね。でも、それは、かりんちゃんが コス

しんだんテスト(2)「いなばの しろうさぎ」

月　日　名まえ

はじめ　じ　ふん　おわり　じ　ふん　かかったじかん　ふん　とくてん　てん

1 文しょうを 読んで、もんだいに 答えましょう。

> おおくにぬしは、うさぎが ないて いる わけを 聞きました。およげない うさぎが むこうの しまから こちらに 来る ときに あった ことを 話しはじめました。

すると、めいあんが うかびました。わにの やつを だまして やろうと 考えたんです。

ぼくは わにに 言って やりました。

「わにくん、この しまに いる ぼくたち うさぎと、きみたち 海に いる わにと、どっちが 数が おおいと 思う？」

「さあ、わからないね。」

と、わにが 答えました。

「きみたちは、海の 間を ずうっと 一列に ならんで ごらん。そう したら、ぼくが きみたちの せなかを ふんで、一つ、二つ、と 数えて みよう。

※わに…さめの こと。

(1) うさぎは 「めいあん」と して、どんな ことを 考えましたか。(10点)

わにの やつを (　　　) と 考えました。

(2) ［　　］と 聞かれて、わには なんと 答えましたか。上から さがして、右よこに ——を 引きましょう。(20点)

(3) うさぎは わにに、数を 数えると 言って、何を させようと しましたか。(一つ 10点)

①(　　　)を ずうっと ②(　　　) ならぶ ことです。

ぼくは 数えるのは う
まいんだ。」
ぼくが そう 言うと、わ
には しばらく 考えてから、
「めいあんだ。やって み
よう。」
と、答えました。
わにたちは、みんな あ
つまって きて、むこうの
しまから ここの 海岸まで、
海の 上に ならびました。
そこで ぼくは、はじめの
わにの せなかに のって、
「一つ。」（一部省略）
「三つ。」
と、数えながら、ぴょん
ぴょん きしの 方へ 近づ
いて きました。そして
もう だいじょうぶと い
う ところで、思わず さ
けんで しまいました。
「ぼくは こっちの 国へ
きたかったんだ。ほうら、
まんまと **きみたち**を
だまして やったぞ！」

（　）部分要約

（令和2年度版 教育出版 ひろがることば 小学国語 二上 135〜136ページより『いなばの しろうさぎ』ふくなが たけひこ）

(4) 「やって みよう」と 言った 後、わにたちは どうしましたか。（二つ 10点）

みんな ①（　　　　）、海の 上に ②（　　　　）。

(5) もう だいじょうぶと いう ところで、うさぎは 何を して しまいましたか。（15点）

（　　　　）

(6) **きみたち**とは だれの ことですか。（15点）

（　　　　）

うさぎは 海を わたる ために、わに(さめ)を 海の 上に ならべたね。わには 数を 数えて もらう ために ならんで いたけど、うさぎは

しんだんテスト(3)「あなの やくわり」

1 文しょうを 読(よ)んで、もんだいに 答(こた)えましょう。

[1]わたしたちの　みの回(まわ)りには、あなの　あいて　いる　ものが、たくさん　あります。あなは、何(なん)の　ために　あいて　いるのでしょうか。あなの　やくわりを　考(かんが)えて　みましょう。

[2]五十円玉の　まん中には、あなが　あいて　います。これは、さわった　ときに　百円玉と　くべつする　ための　あなです。むかしの　五十円玉には　あなが　なく、百円玉と　同(おな)じくらいの　大きさだったので、まちがえる　人が　いたのです。そこで、五十円玉に　あなを　あけ、さわった　ときに　くべつできるように　したのです。

(1)　この　文しょうは、どのような　ことに　ついて　書(か)かれて　いますか。(20点)

あなは、（　　　　）あいて　いるのかと　いう　こと。

(2)　ひょうの　あいて　いる　ぶ分(ぶん)に　合(あ)う　ことばを　書(か)きましょう。(一つ 10点)

むかしの　五十円玉	あなが ①（　　　）
百円玉	あなが　ない
今(いま)の　五十円玉	あなが ②（　　　）

(3)　お金の　あなに　ついては、[1]から[4]の　どの　まとまりに　書(か)かれて　いますか。(15点)

□

（一部省略）

3 しょうゆさしには、二つの あなが あいて いるものが あります。二つの うち、一つは、しょうゆを 出す ための あなで、もう一つは、空気が 入る ための あなです。しょうゆが、小さい あなを 通って 出るには、空気の 通り道が ひつようです。あなが 一つしか ないと、空気が 入って こないので、しょうゆが 出なく なって しまうのです。

4 □、あなには、いろいろな やくわりが あります。

（令和2年度版 東京書籍 新しい国語 二下 122〜127ページより『あなの やくわり』にいだ ゆみこ）

(4) しょうゆさしに あいて いる 二つの あなの やくわりに ついて 書きましょう。（二つ 10点）

一つは、しょうゆを ①（　　　）ための あなで、もう一つは ②（　　　）が 入る ための あなです。

(5) しょうゆさしの あなが 一つしか ないと、しょうゆは どう なって しまいますか。（15点）

［　　　］

(6) □に 合う ことばを 一つ えらんで、○を つけましょう。（10点）

ア（　）すると

イ（　）それとも

ウ（　）このように

あなには、それぞれ やくわりが あるんだね。それぞれの あなが 何の

44 はってんテスト
「ヨットカーの作り方」

月	日	名まえ

はじめ	じ	ふん
おわり	じ	ふん
かかったじかん		ふん
とくてん		てん

1 文しょうを 読んで、もんだいに 答えましょう。

〈作り方〉

まず、だんボールに ストローを つけて、竹ひごを 通します。ストローは、セロハンテープを つかって、だんボールに はりつけます。ストローを つけたら、そこに 竹ひごを 通します。竹ひごより ストローの ほうが 長い ときは、ストローを きって、竹ひごより みじかく しましょう。

つぎに、ペットボトルの ふたに あなを あけます。きりを つかって、ふたの まん中に、あなを あけます。これが、タイヤに なります。あなを あ

(1) さいしょに する ことは、何ですか。（一つ10点）

だんボールに
㋐（　　　）を
つけて、㋑（　　　）
を 通します。

(2) 竹ひごと ストローは、どんな 長さに するのが よいですか。◯を つけましょう。（20点）

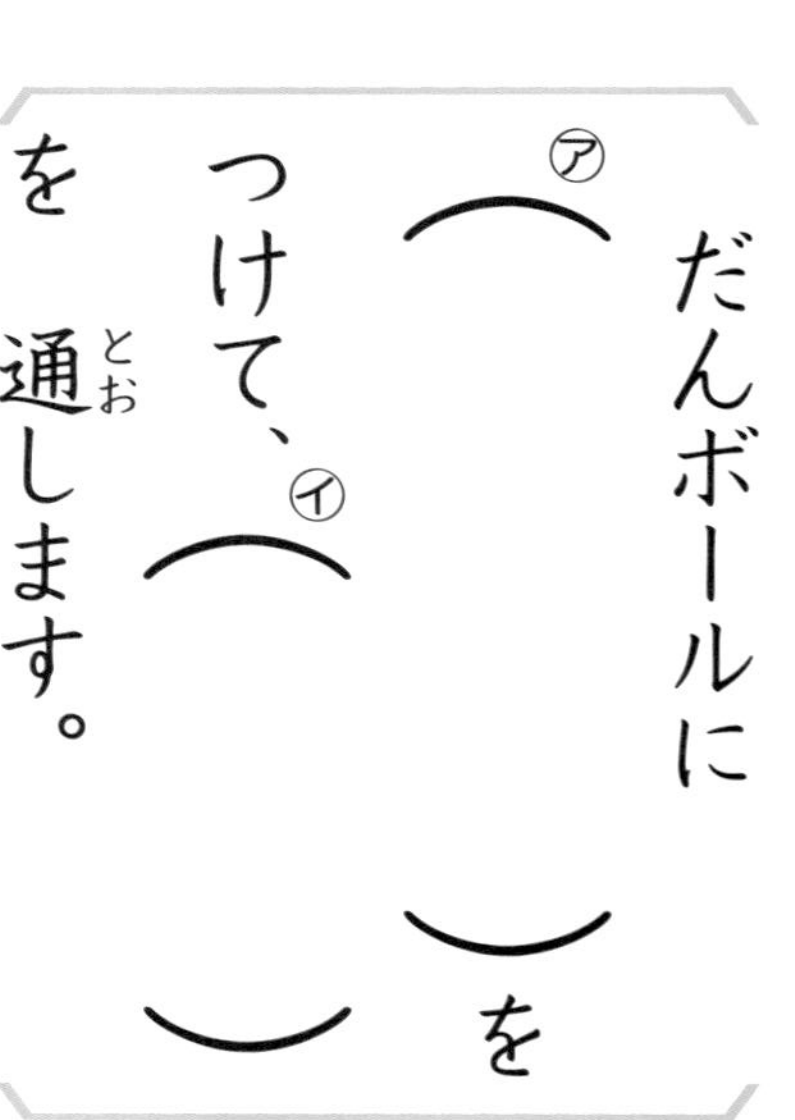
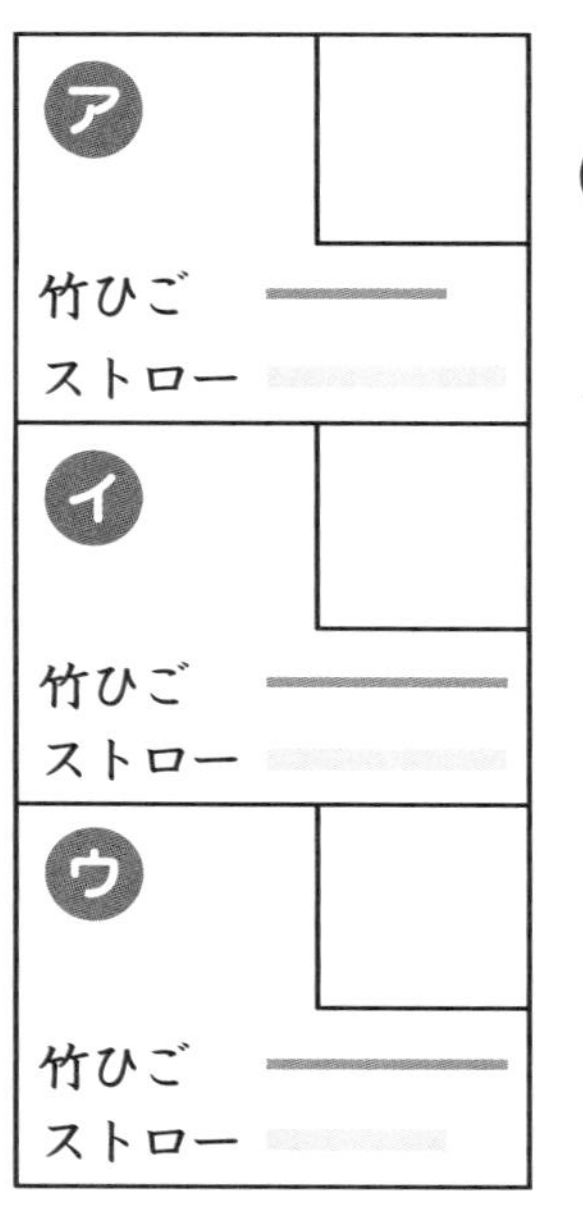

㋐	竹ひご ストロー
㋑	竹ひご ストロー
㋒	竹ひご ストロー

(3) ヨットカーの タイヤには 何を つかいますか。（10点）

［　　　］

けるときは、ふたを　ねん土の上においてあけるとよいでしょう。

それから、タイヤのあなに、竹ひごを通（とお）します。あなにうまく竹ひごが通（とお）らないときは、竹ひごのふとさにあうように、きりをつかってあなをひろげましょう。

［　　］、ほをつけます。りょうめんテープをつかって、トレイや紙（かみ）コップをだんボールにはりつけましょう。外（はず）れないように、しっかりとくっつけましょう。

これで、ヨットカーのできあがりです。

（平成27年度版　東京書籍　新編新しい国語二上　138〜140ページより『ヨットカーの作り方』）

(4) あなをあけている絵（え）の、⬇は何（なん）ですか。（20点）

［　　　　］

(5) ［　　］にはどんなことばが入りますか。合（あ）う方（ほう）に○をつけましょう。（10点）

ア（　）さいしょに

イ（　）さい後（ご）に

(6) ヨットカーのほは、どのようにくっつけますか。（一つ10点）

［りょうめんテープで、㋐（　　　　）ように、㋑（　　　　）とくっつけます。］

2年生

答え

文しょうの読解

- この 本では、文しょうの 中の ことばを 正しく 書いて いますが、にた 言い方の ことばで 答えても かまいません。
- ポイントは、考え方や 気を つける ところです。答え合わせを する ときに、いっしょに 読みましょう。
- 〈 〉や ※は、ほかの 答え方です。
- （ ）は、答えに あっても よい ものです。
- れいの 答えでは、にた 内ようが 書けて いれば 正かいです。

1 どう話の 読みとり(1) 「だれが」の ことば① 1・2ページ

❶ (1)けん
❷ (1)さゆり
❸ (1)ゆうと
❹ (1)ゆみ
❺ (1)妹
❻ (1)あきら

2 どう話の 読みとり(1) 「だれが」の ことば② 3・4ページ

❶ (1)かずや
❷ (1)弟　(2)わたし
❸ (1)はると　(2)ゆうた
❹ (1)なおみ　(2)わたし

3 どう話の 読みとり(1) 「だれが」の ことば③ 5・6ページ

❶ (1)たつや
❷ (1)ちあき　(2)いつきたち
❸ (1)ぼく
❹ (1)あや
(2)男の子

ポイント

「ありがとう。」と 言ったのは、男の子だね。

4 どう話の 読みとり(1) 「だれが」の ことば④ 7・8ページ

❶ (1)かずき
❷ (1)りん
(2)わたし
❸ (1)ゆい
❹ (1)ひろと
(2)そうすけ

5 どう話の 読みとり(1) 「だれが」の ことば⑤ 9・10ページ

❶ (1)弟　(2)お父さん
❷ (1)あかり　(2)お母さん
❸ (1)先生　(2)ぼくたち
❹ (1)りお　(2)さき

6 どう話の 読みとり(1) 「どう した」の ことば 11・12ページ

❶ (1)けりました
❷ (1)読みました
❸ (1)帰って きました
❹ (1)とり出しました
❺ (1)来ました
(2)たたきました

7 かくにんドリル(1)　13・14ページ

❶ (1)お日さま　(2)ねぼう
(3)竹やぶ・雪・ふきのとう
※じゅんじょは、ちがって
も　よい。
(4)はるかぜ　(5)はきました
(6)竹やぶ　(7)雪

ポイント
(6)・(7)は、おわりの「はるかぜ
に　ふかれて、～水に　なる。」
の　ところを　読もう。

8 どう話の　読みとり(2)「何が」の　ことば①　15・16ページ

❶ (1)鳥
❷ (1)魚
❸ (1)ボール
❹ (1)花
❺ (1)空　(2)雨

9 どう話の　読みとり(2)「何が」の　ことば②　17・18ページ

❶ (1)木の　は　(2)かえる
※(1)「は」でも　よい。
❷ (1)車　(2)にもつ
❸ (1)めだか　(2)たまご
❹ (1)風　(2)まど

10 どう話の　読みとり(2)「いつ」の　ことば　19・20ページ

❶ (1)きのう
❷ (1)夕方
❸ (1)朝
❹ (1)日曜日
❺ (1)昼休み　(2)ほうか後

11 どう話の　読みとり(2)「どこで」の　ことば　21・22ページ

❶ (1)へや
❷ (1)にわ
❸ (1)校てい
❹ (1)草むら
❺ (1)公園　(2)すな場

12 かくにんドリル(2)　23・24ページ

❶ (1)やねの　上
(2)はじまる　おしらせ

ポイント
「すずめの　学校が　はじまる
おしらせよ。」と　おかあさんが
言って　いるね。

(3)①はる　②子すずめたち
(4)①とびかた　②さがしかた
(5)学校
(6)おかあさん

13 せつ明文の 読みとり(1) なんの 話①　25・26ページ

❶ (1)バッタ

❷ (1)コオロギ

❸ (1)ミツバチ

❹ (1)トビウオ

ポイント

❶「バッタの おすと めすは」、❷「コオロギの おすは」、❸「ミツバチは」、❹「トビウオは」のように、「〜は」と いう ことばに 気を つけよう。

14 せつ明文の 読みとり(1) なんの 話②　27・28ページ

❶ (1)おしり

❷ (1)なめる

❸ (1)くらし

❹ (1)①羽

②音

15 せつ明文の 読みとり(1) なんの 話③　29・30ページ

❶ (1)たまご

(2)①ミカン

②キャベツ

❷ (1)時間

(2)①夕方

②午前中

16 せつ明文の 読みとり(1) なんの 話④　31・32ページ

❶ (1)土の 中

(2)前足

(3)シャベル

❷ (1)林　(2)木の は

※(2)「は」でも よい。

(3)冬

17 かくにんドリル(3)　33・34ページ

❶ (1)一か月

ポイント

「たまごは、およそ 一か月後(ご)に よう虫に なります。」と いう 文から、たまごから よう虫までは、およそ 一か月 かかると わかるね。

(2)①かわにな ②貝の 肉

(3)だっぴ

(4)①四月 ②雨

(5)やわらかい 土

(6)へや

18 どう話の 読みとり(3) どんな ようす①　35・36ページ

❶ (1)赤い

❷ (1)大きな

❸ (1)きれいな

❹ (1)ぷよぷよ

19 どう話の 読みとり(3) どんな ようす② 37・38ページ

1 (1)ゆっくり

※「ギーギーギーと」でも よい。

2 (1)ぱっと (2)ぴょんぴょん

3 (1)ぶるぶる

4 (1)きらきら (2)ぐっすり

ポイント
(1)は 星(ほし)が 光(ひか)って いた ようす、(2)は おじいさんが ねむった ようすを あらわす ことばだよ。

20 どう話の 読みとり(3) どんな ようす③ 39・40ページ

1 (1)戸

2 (1)コップ (2)そうじき

3 (1)けんと

4 (1)①なみ ②かずや

21 どう話の 読みとり(3) どんな ようす④ 41・42ページ

1 (1)とび上がりました

2 (1)①あぶない ②さけびました

3 (1)うれしそう

4 (1)元気が ない

22 かくにんドリル(4) 43・44ページ

1 (1)やせた (2)①太らせて ②たべよう (3)ぶるると (4)イ (5)ぼうっと

ポイント
「きつねは、心(こころ)の 中で にやりと わらった。」と いう 文から きつねの ようすが 分(わ)かるね。

23 せつ明文の 読みとり(2) じゅんじょ① 45・46ページ

1 (1)ア一 イ3 ウ4 エ2

2 (1)ア一 イ3 ウ2 エ4

24 せつ明文の 読みとり(2) じゅんじょ② 47・48ページ

1 (1)ア一 イ3 ウ4 エ2

2 (1)ア2 イ4 ウ一 エ3

ポイント
はじめに 体(からだ)を 作(つく)って、つぎに 頭(あたま)を 作(つく)り、そして、形(かたち)を ととのえ、おしまいに 顔(かお)や 手を 作(つく)るよ。

25 せつ明文の　読みとり(2)　どんな　じゅんじょ③　49・50ページ

❶ (1)㋐…1　㋑…3
㋒…4　㋓…2

ポイント
文の　はじめの　ことばに　気を　つけて　読もう。

❷ (1)㋐…3　㋑…1
㋒…4　㋓…2

26 せつ明文の　読みとり(2)　文を　つなぐ　ことば①　51・52ページ

❶ (1)おきた
(2)した

❷ (1)だから
(2)それで

ポイント
「だから」「それで」は、前の　文に　つづいて、後に　その　けっかが　くる　ときに　つかうよ。

❸ (1)おきなかった
(2)出なかった

❹ (1)でも
(2)しかし

27 せつ明文の　読みとり(2)　文を　つなぐ　ことば②　53・54ページ

❶ (1)一ぴき　(2)しかし

❷ (1)でも　(2)それで

28 かくにんドリル(5)　55・56ページ

❶ (1)[れい]たまごを　うむ　ため（です）。
(2)イ　(3)きれいな
(4)ぐみの　み
(5)イ　(6)[2]

ポイント
文しょうは、秋、冬、春の　じゅんで　書かれて　いるよ。

29 どう話の　読みとり(4)　どんな　気もち①　57・58ページ

❶ (1)うれしく

❷ (1)かなしく

❸ (1)楽しく

❹ (1)うれしい

❺ (1)かなしい

❻ (1)くやしい

ポイント
❹「うれしくて」→「うれしい」、
❺「かなしくて」→「かなしい」、
❻「くやしくて」→「くやしい」
と　かえるよ。

30 どう話の　読みとり(4)　どんな　気もち②　59・60ページ

❶ (1)うれしい

❷ (1)はずかしい

❸ (1)さびしい

❹ (1)こわい

31 どう話の 読みとり(4) どんな 気もち③ 61・62ページ

❶ (1)とび上がった

❷ (1)しょんぼりした

❸ (1)どきっと した

❹ (1)どなりつけた

❺ (1)①はっと ②のんだ

ポイント
「いきを のむ」は、「ひどく おどろいて、いきを 止(と)める」ことだね。

32 どう話の 読みとり(4) どんな 気もち④ 63・64ページ

❶ (1)さか上がり

❷ (1)二ちゃく

❸ (1)チッチ

❹ (1)おちそう

33 どう話の 読みとり(4) どんな 人 65・66ページ

❶ (1)こらえ

ポイント
みゆは、あつしが いたいのを こらえて いる ようすを 見て、かんしんしたんだね。

(2)がまん強い

❷ (1)すいた

※「グーグー 鳴った」で も よい。

(2)やさしい

34 かくにんドリル(6) 67・68ページ

❶ (1)ア

ポイント
ねこは、もうじき 子ねずみを 食(た)べる ことが できると 思(おも)い、思(おも)わず わらいが 出て しまったんだよ。

(2)食って〈食べて〉

(3)イ

ポイント
――の 後(あと)の ねずみたちの ことばを 読(よ)んで みよう。ねずみたちは、ねこの 「ニャーゴ」を 「さよなら」だと 思(おも)ったんだね。それで、ねずみたちも 「さよなら」の つもりで 「ニャーゴ」と さけんだんだね。

(4)こんにちは

35 せつ明文の 読みとり(3) だいじな ところ① 69・70ページ

❶ (1)大きく

(2)㋐ね ㋑広げられる

(3)広い

❷ (1)あせ

(2)水分〈水〉

(3)㋐あせ ㋑体

36 せつ明文の 読みとり(3) だいじな ところ②　ページ 71・72

1 (1)㋐角　㋑丸い

(2)㋐ごつごつ

㋑けずられて

2 (1)近い

(2)少なく

(3)さがす

37 せつ明文の 読みとり(3) だいじな ところ③　ページ 73・74

1 (1)㋐かたまって

㋑やわらかく

ポイント
㋐は②、㋑は ③の まとまりを 読(よ)もう。

(2)ぬけやすく

2 (1)切れる

(2)にげる

ポイント
切(き)れた しっぽに、てきが 気を とられるんだね。

(3)はえて

38 せつ明文の 読みとり(3) なんの まとまり　ページ 75・76

1 (1)③

(2)④

2 (1)㋐…②　㋑…③

(2)のびない

39 かくにんドリル(7)　ページ 77・78

1 (1)①ブロッコリー

②なす

③キャベツ

ポイント
[1]「はを 食(た)べる やさい」の キャベツに ついて、[2]「花を 食(た)べる やさい」の ブロッコリーについて、[3]「みを 食(た)べる やさい」の なすに ついて 書(か)かれて いるよ。

(2)①玉のように

②まきながら

(3)①[4]

②[6]

(4)(地面の 下に のびた) くきの 一部

(5)下

40 詩の 読みとり　ページ 79・80

1 (1)生きているから。

(2)まっか

(3)みみず・おけら・あめんぼう

※じゅんじょは、ちがっても よい。

2 (1)どっしり すわった 山。

(2)(〃) しっかりやれよ (〃)

(3)(〃) だいじょうぶだよ (〃)

41 しんだんテスト(1)　81・82ページ

1 (1)なきたいのか　おこりたいのか　分からない

(2)イ

(3)[れい]かりんちゃんが（ノートに）かいた　ぐちゃぐちゃの　もの

(4)①水を　やった

②コスモス

(5)じっと。ずっと。

(6)かわいく

42 しんだんテスト(2)　83・84ページ

1 (1)だまして　やろう

(2)「さあ、わからないね。」

(3)①海の　間

②一列に

(4)①あつまってきて

②ならびました

(5)（思わず）さけんでしまいました。

ポイント

わに（さめ）を　だまして、海（うみ）を　わたりきる　ことが　できると　思（おも）った　うさぎは、うれしく　なって　さけんで　しまったんだね。

(6)わにたち〈さめたち〉

43 しんだんテスト(3)　85・86ページ

1 (1)何の　ために

(2)①ない

②ある

(3)[2]

(4)①出す　②空気

(5)出なくなってしまいます。〈出なくなってしまう。〉

※「出ない」と　いう　ことが　書（か）かれて　いれば　よい。

(6)ウ

44 はってんテスト　87・88ページ

1 (1)㋐ストロー　㋑竹ひご

(2)ウ

(3)ペットボトルの　ふた

(4)ねん土

(5)イ

ポイント

「まず」、「つぎに」、「それから」と　つづいて　いるから、ここに　入るのは　「さい後（ご）に」だね。

(6)㋐外れない　㋑しっかり